ELBETAL

W0194526

ELBETAL

DIE 99 BESONDEREN SEITEN DER REGION

entdeckt von Christine Lendt

mitteldeutscher verlag

Inhaltsverzeichnis

Felsnadeln, Schluchten und Tafelberge

Ab Bad Schandau an der Grenze zu Tschechien begleiten spektakuläre Landschaften den Elbstrom. In großen Windungen geleitet der hier noch vergleichsweise schmale und wenig befahrene Fluss zunächst durch das Elbsandsteingebirge. Majestätisch erheben sich die Felswände und -nadeln aus dem Grün der Ufer im Nationalpark „Sächsische Schweiz". Auf tschechischer Seite liegt der Nationalpark Böhmische Schweiz. Weil beide Regionen geografisch betrachtet miteinander verwachsen sind, hat sich grenzübergreifend die Bezeichnung Sächsisch-Böhmische Schweiz (Českosaské Švýcarsko) durchgesetzt. Der Beiname „Schweiz" deutet die Ähnlichkeit mit der Natur und den Bergdörfern des Alpenlands an – und doch ist diese Region mit nichts zu vergleichen. Das vor allem aus Sandstein bestehende Mittelgebirge mit seinen stark zerklüfteten Felsen hat zahlreiche Formen hervorgebracht. Felsnadeln, Schluchten und Tafelberge wechseln mit weitläufigen Ebenen und geschlossenen Waldbereichen. Diese Vielfalt führt auch in ökologischer Hinsicht zu Reichtum, Böden und Mikroklima sind jeweils unterschiedlich und ließen entsprechend zahlreiche Arten von Tieren und Pflanzen gedeihen. So wird allein schon die Zahl der hier vorkommenden Farne und Moose von keinem anderen Mittelgebirge in Deutschland übertroffen.

Alles überragt der Große Zschirnstein, die 562 Metern die in Deutschland höchste Erhebung des Elbsandsteingebirges. Als Tafelberg ist sie charakteristisch für diese Landschaft. Zu den

Tourismusverband Sächsische Schweiz e. V.

Bahnhofstraße 21
01796 Pirna
Tel.: 03501 470147
www.saechsische-schweiz.de

Am Oberlauf der Elbe in Sachsen und dem zu Tschechien zählenden Nordböhmen sorgt das Elbsandsteingebirge für einmalige Eindrücke.

größten Momenten zählt der Anblick der Basteibrücke. Das Wahrzeichen der Sächsischen Schweiz erhebt sich bei Rathen fast 200 Meter über dem Elbniveau. Weitere Highlights sind die Festung Königstein, der markante Tafelberg Lilienstein (415 Meter) und Pirna mit seiner Festung und restaurierten Renaissancehäusern.

Das Elbsandsteingebirge entstand durch großflächige Ablagerungen eines urzeitlichen Meeres, das sich hier vor Jahrmillionen befand: Im Zeitalter der Oberkreide lag diese Region unter Wasser. Das Meer wurde von zulaufenden Flüssen gespeist, die Sand und Verwitterungsschutt hineinspülten. Partikel von Quarzsand, Ton und Mergel sanken auf den Grund und bildeten Schichten. So entstand im Laufe der Zeit eine riesige, kompakte Sandsteinplatte mit Flächenmaßen von 20 mal 30 Kilometern und bis zu 600 Meter Höhe. Vor rund 80 Millionen Jahren zog sich das Meer schließlich zurück, und das Gestein begann zu verfallen. So konnte sich das heutige Gebirge formen. Aus nahezu rechtwinkligen Bruchlinien bildeten sich später die charakteristischen, quaderförmigen Strukturen des Elbsandsteins. In der formenreichen Landschaft mit ihren unterschiedlichsten Lebensräumen gedeihen Arten, die andernorts längst verschwunden sind, und daher besonderen Schutz benötigen, etwa montane Arten wie das Zweiblütige Veilchen, der Sumpfporst oder die Schwarze Krähenbeere. In der Tierwelt ist unter anderem der seltene Fischotter anzutreffen. Auch Deutschlands bisher einziges Würgfalkenpaar brütete in der Sächsischen Schweiz.

Beinahe schon versteckt liegen hier die Ortschaften am Elbstrom

Von Tschechien bis zur Nordsee

Von der Quelle hoch oben im tschechischen Riesengebirge bis zur Mündung legt die Elbe eine Strecke von rund 1.170 Kilometern zurück, einen großen Teil davon können Radfahrer begleiten. Es geht dabei durch Tschechien und sieben Bundesländer. Etliche sehenswerte Ortschaften liegen an der Strecke, darunter die Landesmetropolen Dresden, Magdeburg und Hamburg, belebende Kurorte wie Bad Schandau, malerische Städtchen wie Königsstein, Tangermünde, Havelberg, Hitzacker, Lauenburg – oft reich an Fachwerk oder mit mittelalterlicher Festungsanlage. Einige steuern ein besonderes kulturelles Erbe bei, etwa die Karl-May-Stadt Radebeul, die „Porzellanstadt" Meißen oder Lutherstadt Wittenberg.

Radfahrer können daran teilhaben, wie sich der anfangs noch beschauliche Fluss durch die Sächsisch-Böhmische Schweiz windet, während die atemberaubenden Formationen des Elbsandsteingebirges in den Himmel ragen. Einkehren vor den mit Reben bepflanzten Hängen der Sächsischen Weinstraße und regionale Tropfen kosten. Sich dabei vom mediterranen Flair der versteckten Altstadt Pirnas überraschen lassen, die schon zum Objekt venezianischer Malerei wurde. Dann wieder eintauchen in die grünen Auenlandschaften des UNESCO-Biosphärenreservats „Flusslandschaft Elbe", das die Route auf gut 400 Kilometern begleitet, und dabei sogar den Biber bei ihren Baukünsten zusehen. Die vielen Storchennester in den Elbtalauen der Prignitz und der Altmark entdecken, vor allem im „Europäischen Storchendorf" Rühstädt und in Wahrenberg,

www.elberadweg.de
www.flusslandschaft-elbe.de

Die Tour entlang der Elbe ist der beliebteste Fernradweg Deutschlands. Im Jahr 2017 schaffte sie es zum 14. Mal in Folge auf Platz 1

dem storchenreichsten Dorf Sachsen-Anhalts. Kulturräume wie das Alte Land erkunden, wo im Frühjahr Millionen von Obstbäumen blühen. Sich von der zunehmend von Ebbe und Flut geprägten, zum kraftvollen Strom sich ausweitenden Elbe durch Hamburg leiten lassen, ihr durch naturgeschützte Marschlandschaften und entlang von Deichen folgen, auf denen Schafe blöken. Und schließlich dabeisein, wenn sie sich in ihrer breiten Mündung mit der Nordsee vereint. Schon viele Kilometer zuvor liegt eine Ahnung von Meersalz in der Luft, das Klima verändert sich, und am Ziel angekommen, heißt es: tief durchatmen und die Reise beim Rauschen der Brandung ausklingen lassen.

Die Tour entlang der Elbe ist der beliebteste Fernradweg Deutschlands. Im Jahr 2017 schaffte sie es zum 14. Mal in Folge auf Platz 1, so das Ergebnis der vom Allgemeinen Deutschen Fahrrad-Club e. V. (ADFC) durchgeführten Untersuchung. Dafür wird entlang der Strecke viel getan. Besonders in den touristisch stärker erschlossenen Regionen haben sich viele Lokale oder Unterkünfte auch auf Radfahrer eingestellt. Immer wieder liegen Radler-Imbisse, schöne Biergärten, Möglichkeiten, den Proviant aufzustocken, oder Schlauchautomaten direkt an der Strecke. Das Spektrum der Übernachtungsmöglichkeiten umfasst preisgünstige Pensionen genauso wie komfortable Bio- oder Wellnesshotels für ein Höchstmaß an Entspannung nach dem Pedaletreten. Auch zahlreiche vom ADFC zertifizierte „bett+bike"-Unterkünfte , also besonders radlerfreundliche Unterkünfte, liegen an der Strecke.

Ab und zu schlängelt sich der Radfernweg auch durch das Hinterland

Eine berühmte barocke Skyline

Sie gilt als eine der weltweit schönsten Altstädte: Viele berühmte Sehenswürdigkeiten liegen in Dresden nahe beieinander. Der äußere Anblick der Frauenkirche lässt allenfalls erahnen, wie überwältigend es ist, direkt unter der mächtigen und prachtvoll ausgemalten Kuppel zu stehen, die sich hoch über den Emporen des Kirchenschiffs wölbt. Sie ist 24 Meter hoch, hat einen Durchmesser von 26 Metern und wiegt mehr als 12.000 Tonnen. Damit ist sie die größte steinerne Kuppel nördlich der Alpen. Weil sie mit ihrem geschwungenen Anlauf einer gigantischen Glocke ähnelt, wird der Kuppelbau auch „steinerne Glocke" genannt. Seine Dominanz wird durch die verhältnismäßig kleine Grundfläche der Frauenkirche noch unterstrichen. Oberhalb der Kuppel befindet sich die sogenannte Laterne mit einer Aussichtsplattform. Aus 67 Metern Höhe ist hier bei einem Aufstieg ein Blick in alle Himmelsrichtungen möglich.

Den berühmten barocken Kuppelbau schuf Baumeister George Bähr (1666–1738) im frühen 18. Jahrhundert, von der im Zweiten Weltkrieg völlig zerstörten Kirche blieb jedoch nur jener Ruinenrest, der wie ein Mahnmal noch bis Beginn der 1990er Jahre das Dresdner Stadtbild zeichnete. Der lange beschworene Wiederaufbau konnte erst nach dem Mauerfall erfolgen, gestützt durch das Engagement vieler Bürger. Elf Jahre nahmen die Arbeiten in Anspruch, bei denen man sich an die Vorgaben George Bährs hielt und soweit wie möglich historische Materialien verwendete. Am 30. Oktober 2005 konnte

Dresden Tourist-Information

Schössergasse 23 (Ecke Sporergasse, zwischen Schloss und Frauenkirche) 01067 Dresden Tel.: 0351 50160160 www.dresden.de/tourismus

Der äußere Anblick der Frauenkirche lässt allenfalls erahnen, wie überwältigend es ist, direkt unter der mächtigen und prachtvoll ausgemalten Kuppel zu stehen

die wiedererrichtete Frauenkirche feierlich geweiht werden. Die helle Fassade des neuen Baus ist stellenweise von dunklen Steinen durchsetzt. Es handelt sich dabei um altes Steinmaterial der zerbombten Vorgängerkirche, das zusammen mit neuen Steinen verwendet wurde, um ein Zeichen zu setzen. Die alten Steine wurden jeweils genau an ihrem früheren Platz wieder eingesetzt.

Wer einen repräsentativen Haupteingang an der Frauenkirche sucht, wird diesen nicht finden – George Bähr hatte darauf verzichtet und sein Bauwerk stattdessen mit sieben gleichwertigen Eingängen gestaltet – ein Sinnbild dafür, dass alle Menschen gleichermaßen willkommen sind.

Westlich der Frauenkirche liegt der Theaterplatz mit weiteren berühmten Gebäuden Dresdens. Zunächst die barocke Anlage des Zwingers mit ihrem Kronentor – nach der Frauenkirche das bekannteste Baudenkmal der Stadt. Zum Komplex gehören der Galeriebau, reich verzierte Bogengalerien und Pavillons, das Nymphenbad und ein weitläufiger Innenhof mit Wasserspielen. Er beherbergt heute die Gemäldegalerie Alte Meister, die Rüstkammer, die Porzellansammlung, das Tierkundemuseum und den Mathematisch-Physikalischen Salon. Der Zwinger und sein Hof sind außerdem Schauplatz verschiedener Kulturveranstaltungen. Neben dem Zwinger beeindruckt die traditionsreiche Semperoper, in der jährlich fast 300.000 Besucher musikalische Glanzleistungen genießen.

Der Zwinger mit seinem eindrucksvollen Kronentor

Das Erbe des Reformators

In Lutherstadt Wittenberg versammeln sich geschichtsträchtige Gebäude auf kleinem Raum. Am westlichen Ende der Altstadt steht die berühmte Schlosskirche Allerheiligen. Hier soll Luther am 31. Oktober 1517 seine 95 Thesen an die Tür des Nordportals geschlagen haben – was allerdings inzwischen umstritten ist. Zehn Jahre zuvor hatte man auch begonnen, den Bau als Universitätskirche zu nutzen, mit einer einmaligen Reliquiensammlung Friedrich des Weisen. Im Jahre 1760 brannte die Kirche aus. Es sollte mehr als 100 Jahre dauern, bis sie 1892 als Denkmal der Reformation wiederaufgebaut werden konnte. Eine Bronzetür zeigt symbolisch die Thesen. Das Gemälde darüber stellt Martin Luther mit der deutschen Bibel und seinen Gefährten Melanchthon mit der Augsburger Konfession dar. Im Hintergrund ist Wittenberg zu sehen. Heute ist die Kirche mit ihrem 88 Meter hohen Turm im Stil der Neugotik das Wahrzeichen der Stadt. Sehenswert ist auch das zugehörige Schloss, auch wenn die Kirche wesentlich bekannter ist. Es ist als dritter Flügel in das Gebäude integriert. Beides zusammen wurde ab 1490 unter Friedrich dem Weisen errichtet. Am gegenüberliegenden Ende des historischen Zentrums befindet sich das Lutherhaus. Hier lebte und wirkte der

Die Lutherstube sieht noch fast genauso aus wie damals, man könnte meinen, jeden Moment seinem berühmten Bewohner zu begegnen

Reformator ab 1508, zuletzt zusammen mit seiner Frau Katharina. Bereits seit 1883 dient das Lutherhaus als Museum. Mit weitgehend zeitgenössischen Originalen informiert es über das Leben Martin Luthers und seiner Familie. Die Lutherstube sieht noch fast genauso aus wie damals, man könnte meinen, jeden

Tourist-Information Lutherstadt Wittenberg

Schlossplatz 2
06886 Lutherstadt Wittenberg
Tel.: 03491 498610
www.lutherstadt-wittenberg.de

Moment seinem berühmten Bewohner zu begegnen, Philipp
Melanchthon half Martin Luther dabei, die Idee der Reformation zu verbreiten. Er lehrte ab 1518 als Professor für Griechisch
an der Universität zu Wittenberg. Als Lohn erhielt er von der
Stadt das schmucke Bürgerhaus, das heute – schräg gegenüber
dem Lutherhaus – genauso zum Weltkulturerbe zählt und inzwischen auf dem Nachbargrundstück ein Museum miteinbe-
zieht, Noch immer ist es eines der schönsten Häuser am Platz
mit seinen Fenstern aus der Spätgotik und dem rundbogig ge-
staffelten Giebel. Nicht weit davon erinnert die mittelalterliche
evangelische Stadtkirche St. Marien (erstmals erwähnt 1187),
in der Luther predigte, an die Ereignisse der Reformation. An
Luther und Melanchthon erinnert auch jeweils ein Denkmal
am Markt. Die Statuen gestalteten Johann Gottfried Schadow
und Friedrich Drake in den Jahren 1821 und 1865. Zu der Zeit

(1830) wurde auch die Luthereiche am Kreisverkehr vor der Altstadt gepflanzt, genau dort, wo der Reformator 1520 die päpstliche Bannandrohungsbulle in Rauch und Asche aufgehen ließ. In der zum UNESCO-Weltkulturerbe ernannten Lutherstadt Wittenberg lohnt sich außerdem der Blick auf die prächtigen Cranachhöfe am Marktplatz oder ein Besuch des Zeughauses mit den Städtischen Sammlungen am Arsenalplatz beim Rathaus. Auf dem Veranstaltungsprogramm stehen etliche Kunstausstellungen und andere kulturelle Events. In der Altstadt laden Restaurants und Cafés zur Pause zwischen den ehrwürdigen Gemäuern ein.

Auch die prächtigen Cranach-Höfe säumen den Marktplatz ■

Tor zur Welt mit vielen Facetten

Millionen von Touristen besuchen ihn jährlich. Die Flaniermeile an den Landungsbrücken, Schiffe jeglicher Art, die Container-terminals im Hintergrund bilden eine beeindruckende Kulis-se. Ein gewaltiges Panorama mit den glitzernden Bauten der Hafen-City, den hochaufragenden Kränen des Seegüterhafens und der prachtvollen Elbphilharmonie. Richtung Westen, am le-gendären Fischmarkt, bauen jeden Sonntag rund 700 Händler ihre Buden auf. Neben dem frischesten Fisch gibt es Obst, Zim-merpflanzen, Kleidung, Souvenirs und Kitsch – und noch echte Marktschreier, die ihre Waren mit derben Sprüchen anpreisen.

Hamburg Tourismus GmbH
Tel.: 040 30051300
www.hamburg-tourism.de
www.hafencity.com
www.aaledieter.de

Regelrecht zur Prominenz hat es Aa-le-Dieter gebracht: Seit 1959 verkauft er lautstark seinen Fisch. Viele Besu-cher kommen schon allein, um ihn zu sehen. Wie bereits vor 300 Jahren gilt: Um 9.30 Uhr ist Marktschluss, pünktlich zum Gottesdienst. Um

Die Flaniermeile an den Landungs-brücken, Schiffe jeglicher Art, die Containerterminals im Hintergrund bilden eine beeindruckende Kulisse.

fünf Uhr morgens geht es los. Östlich der Landungsbrücken beeindruckt der Freihafen mit der denkmalgeschützten Spei-cherstadt. Ihre ehrwürdigen roten, bis zu siebenstöckigen Back-steingebäude mit dem ehemaligen Hauptzollamt säumen den Grasbrook-Kanal.

Dieser historische Teil des Hamburger Hafens wurde im Jahr 2015 zum UNESCO-Weltkulturerbe erklärt. Er entstand ab 1883 als zollfreie Lager- und Handelszone und gilt heute das größte zusammenhängende Speicherensemble der Welt. Das Speicherstadtmuseum im authentischen Ambiente eines La-gerhauses von 1888 gewährt spannende Einblicke in die Arbeit

der ehemaligen Quartiersleute, so nannte man die Lagerhalter, und informiert über den Handel mit Kaffee, Kakao, Tee und Kautschuk. Auch auf die Baugeschichte der Speicherstadt wird mit zahlreichen historischen Fotos und Plänen eingegangen Hinter der Speicherstadt setzt die moderne Hafencity Kontraste mit reichlich Glas, ein wohl unvergleichbares Stadtentwicklungsprojekt, das laufend neue Eindrücke und auch viel Kulturelles bietet. Auf dem einst zum Freihafen gehörenden Gelände ist eine Stadt in der Stadt gewachsen, mitsamt Universität und eigener U-Bahn-Linie. Dazu gehören die Elbarkaden und einige Museen, urige Gastronomie wie die „Oberhafenkantine" und das „Fleetschlösschen" genauso wie schicke Lokale an der Kaipromenade. Am „ViewPoint", einem knallroten futuristischen Gebilde, eröffnet sich ein 360-Grad-Panorama der Hafencity. In der Koreastraße informiert das Internationale Maritime Museum in einer zehn Decks umfassenden Ausstellung multimedial über die Seefahrt. Es befindet sich in einem ehemaligen Speichergebäude und ist edel mit nautischen Details ausgestattet. Auf Deck 6 kann man sogar an der Reling stehen.

Wie es den Hamburgern erging, die am 16. Februar 1962 von der Jahrhundertflut überrollt wurden, zeigt eine interaktive Dauerausstellung in den Elbarkaden der Hafencity. Im Museumshafen in Övelgönne liegen sehenswerte historische Schiffen bereit. Das Feuerschiff „Elbe 3" und der Eisbrecher „Stettin", alte Segelschiffe und Dampfschlepper geben schöne Fotomotive ab und sind teils zu besichtigen. Und keinesfalls sollte man ein Fischbrötchen an Nuggis Elbkate (vgl. Nummer 86) verpassen.

Neue Eindrücke im Hintergrund der historischen Speicherstadt

Auf Gleisen durch die Felsenwelt

In Bad Schandau sorgen besondere Verkehrsmittel für besondere Erlebnisse: Dies ist die erste Station der seit 1898 bestehenden Kirnitzschtalbahn. Mit nur dieser einen Linie ist die OVPS der wohl kleinste Straßenbahnbetrieb Deutschlands und der einzige, dessen Bahn in einen Nationalpark einfährt. Auf einer Strecke von rund acht Kilometern folgt die Überlandstraßenbahn dem Flüsschen Kirnitzsch auf seinem Lauf durch die Felsenwelt des Elbsandsteingebirges von Bad Schandau zum Lichtenhainer Wasserfall. Von sämtlichen Stationen sind über Wanderwege schöne Ausflugsziele zu erreichen, etwa Winterbergen, die Schrammsteine, der Affenstein oder der „Kuhstall" – so heißt das nach dem Prebischtor zweitgrößte Felsentor im Elbsandsteingebirge. Es befindet sich auf dem Neuen Wildenstein, einem 337 Meter hohen Felsen der hinteren Sächsischen Schweiz. Auch die bei Wanderern beliebte Route zu den Hinterhermsdorfer Schleusen sind mit der Bahn zu erreichen. Entlang der Strecke gibt es außerdem zahlreiche Gaststätten, die zu Rast einladen. Landschaftlich reizvoll ist außerdem eine Fahrt mit der Nationalparkbahn (auch spaßhaft „Sächsische Semmeringbahn" genannt): Die Eisenbahnstrecke geht von Bad Schandau bis Sebnitz, und passiert dabei sieben Tunnel, zahlreiche Brücken, Viadukte, mächtige Dämme und Täler. Ein Unikum ist auch der 50 Meter hohe historische Personenaufzug von Bad Schandau aus dem Jahr 1904.

Die Überlandstraßenbahn folgt dem Flüsschen Kirnitzsch auf seinem Lauf durch die Felsenwelt des Elbsandsteingebirges von Bad Schandau zum Lichtenhainer Wasserfall.

NationalparkZentrum „Sächsische Schweiz"
Sächsische Landesstiftung Natur und Umwelt
Dresdner Straße 2 b
01814 Bad Schandau
Tel.: 035022 50240
www.lanu.de

www.nationalparkbahn.de

■ Der Malerweg verbindet Plätze, die Künstler inspirierten

■ Der Wanderweg ist gut gepflegt und markiert

Eine malerisch zerklüftete Landschaft

Die Romantiker hatten einst das Elbsandsteingebirge für sich entdeckt und berühmt gemacht. Erst kamen die Maler der Dresdner Akademie, bald folgte die künstlerische Avantgarde aus vielen Teilen Europas. Auf diese Weise hat das Elbsandsteingebirge in unzähligen Werken der Epoche seinen Platz gefunden. Mit mehr als 1.100 Kilometern markierten Pfaden, Steigen und Wegen ist die Sächsische Schweiz auch ein ausgesprochen beliebtes Wandergebiet. Der Malerweg verbindet die Plätze, die berühmte Künstler wie Caspar David Friedrich zu ihren oft romantischen Motiven inspirierten. Auf seinen historischen Wegeverlauf vereint er auf wohl einmalige Weise Natur, Wandern und Kunst. Sein Ursprung lässt sich bis ins 18. Jahrhundert zurückverfolgen, als das Elbsandsteingebirge bereits zu einem beliebten Reiseziel wurde.

www.saechsische-schweiz.de

Der Malerweg verbindet die Plätze, die berühmte Künstler wie Caspar David Friedrich zu ihren oft romantischen Motiven inspirierten.

Auch seine künstlerische Entdeckung begann bereits zu jener Zeit. Schon damals hatte Johann Alexander Thiele (1685–1752) mit seinen Landschaftsgemälden dazu beigetragen, die Schönheit der malerisch zerklüfteten Landschaft bekannt zu machen. Heute ist der Malerweg rekonstruiert und neu ausgeschildert worden, basierend auf historischen Reiseführern und Kunstwerken. Seit 2012 vermitteln Schautafeln die kunsthistorische Bedeutung der Region. Sie zeigen geschichtlich bedeutsame Landschaftskunst an jenen Orten, an denen diese einst entstanden ist.

■ Manche der Sonnenuhren in Krippen haben beachtliche Ausmaße

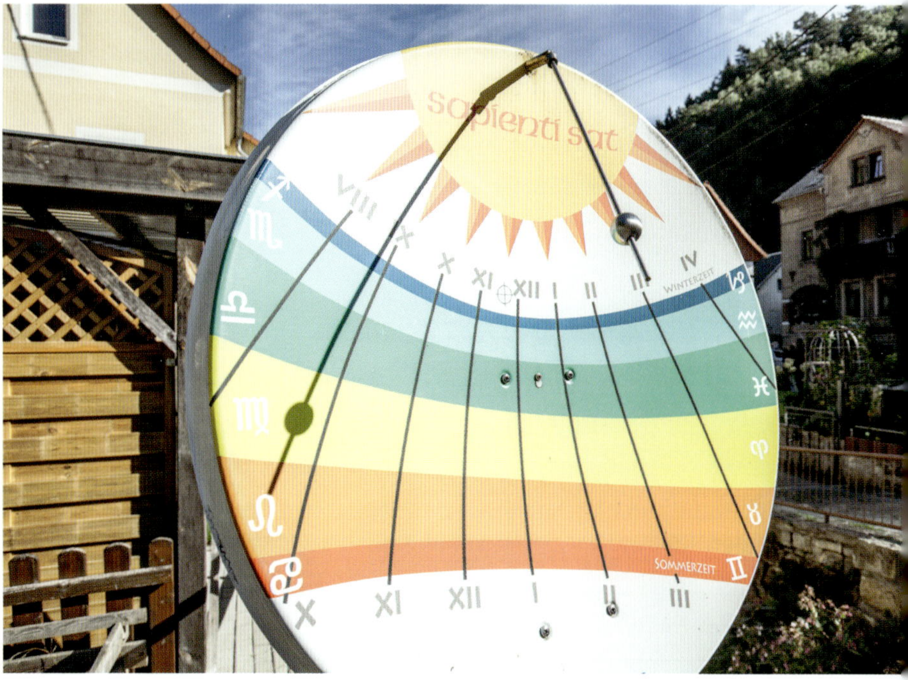

■ Einige verraten auch etwas über die einstigen Bewohner des Hauses

Das Dorf der Sonnenuhren

Am linken Elbufer setzt Bad Schandau dem „schweizerischen" Charakter der Region noch ein i-Tüpfelchen auf. Als einziger Ortsteil auf dieser Elbseite schmiegt sich Krippen in das schmale Tal eines zuströmenden Bergflüsschens. Der Krippenbach entspringt in der Böhmischen Schweiz bei Maxičky (Maxdorf) nahe Děčín auf einer Höhe von knapp 450 Metern. Zu entdecken ist ein überaus liebevoll hergerichtetes Dorf, in dem die Hochwasser von 2002 und 2006 vieles zerstört hatten. Man sieht ihm die Katastrophe nicht mehr an, vielmehr verzaubern farbenfrohe Fassaden und 30 verschiedene Sonnenuhren. Letztere sind dem Engagement eines einheimischen Physiklehrers zu verdanken, der die Verschönerungsmaßnahme initiierte und gemeinsam mit den Bewohnern tatkräftig umsetzte.

www.national-park-saechsische-schweiz.de

In Krippen verzaubern farbenfrohe Fassaden und 30 verschiedene Sonnenuhren.

Manche der Uhren versinnbildlichen im Motiv den ursprünglichen Zweck der Gebäude, in denen früher etwa der Schuhmacher oder der Imker lebten, einige tragen lebensfrohe Weisheiten zur Schau. So entstand der mit Infotafeln beschilderte „SonnenUhrenWeg" – ab dem Markt führt er auf einer Strecke von drei Kilometern durch die Ortschaft.

Mit dem Museum „Kellerhaus" wird außerdem eine ungewöhnliche Ausstellung geboten. Sie berichtet von Friedrich Gottlob Keller – der Erfinder des Holzschliffpapiers lebte von 1853 bis zu seinem Tod im Jahre 1895 in Krippen. Besucher können sich außerdem über die Anfänge der Papierindustrie informieren.

■ Von der Festung aus eröffnet sich ein beeindruckendes Panorama

■ Zum Ensemble gehören rund 50 imposante Bauwerke

Uneinnehmbares in Sachsen

Die Häuser von Königstein am linken Elbufer überragt eine mittelalterliche Festungsanlage. Sie breitet sich auf dem 9,5 Hektar großen Felsplateau eines Tafelbergs aus und zählt zu den mächtigsten Bergfestungen Europas. Niemand konnte sie je erobern. Archäologischen Funden zufolge war der Tafelberg Königsstein bereits in der Bronzezeit besiedelt, also vor rund 3.000 Jahren. Eine erste Burg gab es Nachweisen zufolge wohl schon um 1241. Im frühen 16. Jahrhundert befand sich auf dem Plateau das von Coelestinermönchen bewohnte „Kloster des Lobes der Wunder Mariae".

Für die geplante Festung befahl Kurfürst August zunächst den Bau einer Wasserversorgung. So entstand 1563 der mit 152,5 Metern noch immer tiefste Brunnen Sachsens. Er befindet sich im Zentrum der heutigen Anlage. Ab 1589 erfolgte unter Kurfürst Christian I. der Ausbau der Burg zur Landesfestung. Als erste Gebäude errichtete man unter anderem das Torhaus, die Streichwehr, die Alte Kaserne, die Christiansburg (Friedrichsburg) und das Alte Zeughaus. Die Verteidigungsanlagen wurden in den folgenden Jahrhunderten mehrfach erneuert. Das Ergebnis war die stärkste Festungsanlage Sachsens mit bis zu 24 Meter hohen Mauern, die den Gipfel des Tafelbergs umgeben, und einem 1.800 Meter langen Wallgang. Die Festung liegt 240 Meter über dem Elbniveau. Von 1591 bis 1922 diente die Anlage als Staatsgefängnis. Seit 1955 steht sie als Freilichtmuseum zur Militärgeschichte Besuchern offen. Mehr als 50 der bis zu 400 Jahre alten Gebäude sind zu besichtigen.

Königstein Tourist-Informationen
Schreiberberg 2
01824 Königstein
Tel.: 035021 68261
www.koenigstein-sachsen.de

Die Festung breitet sich auf dem großen Felsplateau eines Tafelbergs aus und zählt zu den mächtigsten Bergfestungen Europas.

Weltbekanntes Panorama

In Rathen dominieren Reisebusse den Parkplatz, Touristenscharen bevölkern die Elbfähren, denn es wartet auf der anderen Seite die wohl größte Sehenswürdigkeit des Elbsandsteingebirges: Die Felsen der Bastei mit ihrer spektakulären Brücke. Viele kennen die Aussicht schon, ohne selbst oben gewesen zu sein – zählt sie doch zu den weltbekanntesten Panoramen und ist Aushängeschild der Sächsischen Schweiz. Doch den Blick selbst genossen zu haben, ist noch einmal etwas völlig anderes. Er reicht über das Elbtal bis hin zu den Tafelbergen am anderen Ufer und noch weit in die Landschaft des östlichen Erzgebirges. Die als technisches Denkmal geschützte Basteibrücke wurde 1851 aus Sandstein errichtet, ist 76,50 Meter lang und hat sieben Bögen. Sie führt über die 40 Meter tiefe Schlucht „Mardertelle" zur Felsenburg Neurathen (14. Jahrhundert). Ab 1982 wurden Teile der ehemaligen Burganlage als Freilichtmuseum rekonstruiert. Anstelle der heutigen Brücke befand sich zuvor eine bereits 1826 geschaffene Holzbrücke. Schon vor rund 200 Jahren war die Bastei von Bedeutung für den sich entwickelnden Fremdenverkehr in der Sächsischen Schweiz. Dies veranlasste die Nationalparkverwaltung dazu, im Berghotel Bastei eine ständige Ausstellung zu eröffnen. Die Ausstellung „Kunst und Natur der Sächsischen Schweiz" ist im historischen Schweizerhaus des Hotels untergebracht. Seit 2014 bereichert sie ein Infoterminal zum Basteigebiet, wo auch Aktuelles beispielsweise über Veranstaltungen zu erfahren ist. Zu Fuß ist die Bastei von Rathen oder Wehlen erreichbar.

Die wohl größte Sehenswürdigkeit des Elbsandsteingebirges sind die Felsen der Bastei mit ihrer spektakulären Brücke.

Bastei
Ausstellung „Kunst und Natur der Sächsischen Schweiz"

Berghotel Bastei (Schweizerhaus)
01847 Lohmen/ Bastei
Tel.: 035024 7790
www.bastei-berghotel.de

www.kurort-rathen.de

Felsenwelten mit Schauspielkunst

Noch ein Platz im Elbsandstein zieht etliche Besucher an. Die Felsenbühne Rathen im Wehlgrund bei der Bastei gilt als eine der schönsten Naturbühnen in Deutschland. Sie bietet Platz für rund 2.000 Besucher und ist traditionell Schauplatz der hiesigen Karl-May-Festspiele. Dargeboten werden während der Saison (Mitte Mai bis Anfang September) außerdem andere Schauspiele, große Opern und Operetten sowie Theaterstücke für Kinder. Nahe der Felsenbühne lädt der Amselsee zu einer Gondelpartie ein. Bei der Kahnfahrt eröffnen sich besondere Perspektiven auf die umgebenden Felsenwelten. Der rund 500 Meter lange See bildete sich 1934 durch den Bau einer Staumauer am Grünbach. Dort befindet sich mit dem Amselfall ein kleines Naturwunder: Als breiter Wasserschleier stürzt der Grünbach aus zehn Meter Höhe in das Amselloch, eine 15 Meter lange, eingestürzte Höhle aus Sandsteinblöcken.

Westlich von Rathen liegt die Stadt Wehlen an beiden Elbufern. Eine Fähre ermöglicht den Wechsel. Es lohnt sich dort ein Blick in das Heimatmuseum mit seinem schönen Garten. Nachbildungen der markantesten Felsformationen zeigt die „Kleine Sächsische Schweiz" im benachbarten Dorf Wehlen.

Beschaulichkeit verströmt am linken Ufer der Ortsteil Pötzscha, Zu besichtigen ist hier auch die letzte Wohn- und Arbeitsstätte von Robert Sterl (1867–1932). Der Maler zählt zu den bedeutenden Vertretern des deutschen Impressionismus. Im Jahre 1909 war er Gründungsmitglied der Künstlervereinigung Dresden.

Felsenbühne Rathen

Amselgrund 17
01824 Kurort Rathen
Tel.: 035024 7770
www.felsenbuehne-rathen.de

www.robert-sterl-haus.de

Die Felsenbühne Rathen ist traditionell Schauplatz der hiesigen Karl May-Festspiele.

■ Gierseilfähren verbinden vielerorts die Elbufer …

■ … man nennt sie auch „fliegende Brücken"

Mit kinetischer Energie über die Elbe

Wer sich das mittelalterliche Prettin mit Wallgräben, Stadt-mauer und Stadttor nicht entgehen lassen möchte, fährt in Dommitzsch bis zur Elbe und setzt mit der Gierseilfähre ans rechte Ufer über. Diese besondere Möglichkeit der Flussque-rung findet sich auch an anderen Orten der Elbe, etwa auch in Belgern und dem nahe gelegenen Pretzsch sowie in Barby. Diese Fähren funktionieren ohne Motor und Manneskraft – sie werden von der Strömung des Wassers angetrieben, indem sie die damit verbundene kinetische Energie nutzen. Allein das Einstellen der Seilenden erfolgt heute teils mit Motorkraft. Bei der Technik des sogenannten Gierens ist das Wasserfahrzeug an einem im Flussbett verankertem Seil befestigt. Der Nieder-länder Hendrick Heuck aus Nijmegen soll sie im Jahr 1657 erfunden haben, um den Verkehr über die breite Waal zu erleichtern. Der zuständige Fähr-mann stellt die Halteseile so ein, dass die Strömung des Flusses die Fähre ans andere Ufer hinüber drückt. Allgemein bedeutet der Begriff „gieren" eine Drehbewegung um die Hochachse des Schiffes. Die Gierseilfähren an der Elbe setzten sich ab dem späten 17. Jahrhundert gegen Stak- und Ruderfähren durch. Noch immer sind sie vielerorts prägend für die Region. Ein Überset-zen mit solch einer beschaulichen Fähre – man nennt sie auch „Fliegende Brücke" – ist ein besonderes Erlebnis. An der Station der Gierseilfähre von Coswig ist am rechten Ufer ist eine Beson-derheit zu entdecken: Die Glocke, mit der man den Fährmann einst rufen konnte.

Bei der Technik des sogenannten Gierens ist das Wasserfahrzeug an einem im Flussbett verankertem Seil befestigt.

www.dommitzsch.de/infra/elbprettin

www.stadtwerke-coswig-anhalt.de

■ Pirna besticht mit seinem historischen Ortskern

■ Beinahe schon mediterran gibt sich der Marktplatz des Städtchens

Verewigt vom Hofmaler des Kurfürsten

Pirna Tourist-Service
Am Markt 7
01796 Pirna
Tel.: 03501 556446
www.tourismus.
pirna.de

Südöstlich von Dresden lugen die Dächer von Pirna am linken Elbufer hervor. Das durch venezianische Kunst bekannte Städtchen besticht mit seinem historischen Ortskern. So lockt auch ein großes Schild, die Altstadt von Pirna werde überraschen – diesem Wegweiser sollte man folgen, denn er verspricht nicht zu viel. Beinahe schon mediterran gibt sich der von hellen Fassaden umgebene Marktplatz, besonders, wenn gerade Obst- und Gemüsestände aufgebaut sind. Und tatsächlich hat Pirna einen Bezug zu Italien: Der venezianische Maler Giovanni (Bernado Bellotto), bekannt als Canaletto (um 1721–1780) ließ das historische Stadtbild auf einigen seiner Veduten aufleben, also realistischen Darstellungen von Städten. Insgesamt elf Ansichten Pirnas schuf er im Zeitraum 1753 bis 1755 unter anderem die Darstellung „Der Marktplatz von Pirna". Reproduktionen der Gemälde sind im Canalettohaus am Markt ausgestellt. Gezeigt wird dort außerdem der Nachbau der Camera Obscura, die Canaletto als Hilfsmittel nutzte. Der Künstler ist übrigens nicht zu verwechseln mit seinem Onkel, dem Vedutenmaler Antonio Canal (1697–1768), der ebenfalls den Künstlernamen Canaletto trug. In Pirna ist man ziemlich stolz darauf, als einzige Kleinstadt in dem Kulturreigen des jüngeren Canaletto vertreten zu sein. Die Nähe zur Kunst spiegelt sich vielerorts in dem Städtchen wider, zu entdecken sind liebevoll dekorierte Innenhöfe und schmucke Details an Fassaden. Jährlich zur Kunstmeile hängen Gemälde über den kopfsteingepflasterten Gassen und die Altstadt wird zur Galerie.

Der venezianische Maler Canaletto ließ das historische Stadtbild Pirnas auf einigen seiner Veduten aufleben

Das Blaue Wunder wirklich erleben

In Dresden kann jeder einmal sein „blaues Wunder" erleben. So heißt eine imposante Straßenbrücke mit abgegrenztem Fußgängerübergang. Sie verbindet die Stadtteile Blasewitz und Loschwitz. Tagsüber sticht ihre hellblaue Stahlkonstruktion genauso hervor wie nachts, wenn die Brückenbögen beleuchtet sind. Das Blaue Wunder hieß bis 1912 noch König-Albert-Brücke und seitdem offiziell Loschwitzer Brücke, doch so nennt sie wohl niemand in Dresden. Der Bau des Blauen Wunders wurde 1893 abgeschlossen. Im Jahr 2007 war die Brücke für die Auszeichnung „Historisches Wahrzeichen der Ingenieurbaukunst in Deutschland" nominiert.

Loschwitzer Brücke
01326 Dresden
www.dresden.de

Tagsüber sticht die hellblaue Stahlkonstruktion der Straßenbrücke genauso hervor wie nachts, wenn die Brückenbögen beleuchtet sind.

Einige Kilometer weiter zeigt sich die unverwechselbare Kuppel der Dresdner Frauenkirche mitten im Zentrum der Altstadt, und die vergoldeten Figuren auf der benachbarten Kunstakademie funkeln im Sonnenlicht (vgl. Nummer 3).

An den Loschwitzer Elbhängen sind außerdem zwei Bergbahnen etwas Besonderes. Die älteste Bergschwebebahn der Welt (1901) bringt Fahrgäste in knapp fünf Minuten zur „Schönen Aussicht". 84 Höhenmeter überwindet sie auf der Fahrt von Loschwitz nach Oberloschwitz. Bereits seit 1895 verbindet eine Standseilbahn den Stadtteil Loschwitz mit dem Villenviertel Weißer Hirsch. Von der 95 Meter höher gelegenen Bergstation eröffnet sich ein grandioser Blick auf Dresden. Bei beiden Bergbahnen sind die historischen Maschinenhäuser zu besichtigen.

■ Ab Pirna säumen vielerorts malerische Weinberge die Elbufer

■ Auch gibt es reichlich Gelegenheiten, die guten Tropfen zu verkosten

VERSCHENKEN
SIE GENUSS

Erlesene Weine & Sekte,
genussvolle Präsente,
Gutscheine für unsere
Veranstaltungen & Führungen.

Wir beraten Sie gern!

Rebhänge und Winzerdörfer

Von Pirna bis Diesbar-Seußlitz folgt die Elbe einem Pendant für Genuss und südländische Lebenskultur: Hänge mit Rebstöcken liegen am Ufer, Weingüter laden zu Verkostungen oder Besichtigungen ein, Winzer vermieten Pensionszimmer. In vielen Lokalen stehen regionale Tropfen auf der Karte. Hier erstreckt sich die 55 Kilometer lange Sächsische Weinstraße. Ortschaften an der Strecke sind Pirna, Radebeul, Weinböhla, Niederau, Coswig, Meißen, Diera-Zehren und Diesbar-Seußlitz. Auch wer eher Biertrinker ist oder lieber ganz auf Alkohol verzichtet, wird an dem landschaftlichen Zauber Gefallen finden. Beim Anblick der Weinberge mit ihren terrassenartig angelegten Reben fühlt man sich umgehend in südliche Gefilde versetzt, historische Ortskerne tragen zur Gemütlichkeit bei. Fürstliche Landsitze und Lustschlösser prägen als Weingüter die Szenerie.

Sächsische Weinstraße

Tourismusverband Sächsisches Elbland e. V.
Fabrikstraße 16
01662 Meißen
Tel.: 03521 76350
www.elbland.de

Sachsen ist eines der kleinsten Weinanbaugebiete in Deutschland und das nordöstlichste in Europa.

Sachsen ist eines der kleinsten Anbaugebiete in Deutschland und das nordöstlichste in Europa; die Rebfläche beträgt, gemessen am Ertrag, insgesamt 464 Hektar. Hinzugerechnet werden aus weinbaupolitischer Sicht 27 Hektar außerhalb Sachsens, und zwar Weinberge in Schlieben in Sachsen-Anhalt und in Jessen. Mehr als die Hälfte (55 Prozent) der Flächen befinden sich in Hang- und Steillagen. Die Elbtalweine werden überwiegend trocken ausgebaut. Weißweine mit den Hauptrebsorten Müller-Thurgau, Riesling, Weißburgunder, Grauburgunder und Traminer machen den Löwenanteil des Anbaus aus. 19 Prozent der Fläche entfallen auf Rotweine mit den Rebsorten Spätburgunder und Dornfelder.

■ Die „Villa Bärenfett" beherbergt eine Indianersammlung

■ Zu besichtigen sind auch die Räume, in denen Karl May lebte

Begegnung mit Karl May

„Ich bin wirklich Old Shatterhand resp. Kara Ben Nemsi und habe erlebt, was ich erzähle", schrieb Karl May 1897 in einem Brief. In Radebeul begegnet man ihm – also auch Winnetou und Old Shatterhand. Karl May lebte hier bis zum seinem Tod im Jahre 1912. Ein Museum in seinem ehemaligen Wohnhaus zeigt eine Ausstellung zum Leben und Werk des aus Sachsen stammenden Schriftstellers. Empfangssalon, Arbeitszimmer und Bibliothek sind originalgetreu restauriert und mit dem ursprünglichen Inventar ausgestattet.

Die goldenen Letter „Villa Shatterhand" ließ er persönlich an der Fassade anbringen, um allen Gäste weithin sichtbar zu verkünden: Hier wohnt der berühmte Schriftsteller und Weltreisende Dr. Karl May. So gibt die Dauerausstellung auch Einblicke in seine fabelhafte Selbstinszenierung Mays als vielgereister Abenteurer. Dazu gehört seine berühmte Waffensammlung mit Silberbüchse, Bärentöter und Henry-Stutzen, mit der er sich in abenteuerlichen Posen für eine Postkartenserie in Szene setzte. In der „Villa Bärenfett", einem Blockhaus im Garten, ist eine ethnologische Indianersammlung untergebracht.

Empfangssalon, Arbeitszimmer und Bibliothek sind originalgetreu restauriert und mit dem ursprünglichen Inventar ausgestattet.

Der Radebeuler Ortsteil Kötzschenbroda lohnt sich außerdem für eine Einkehr. Rund um den Dorfanger gruppieren sich urige Kneipen mit Gewölbekellern, Feinschmeckerlokale, Cafés und kleine Hotels. Für Kunstgenuss sorgt das „Kulturzentrum Stadtgalerie".

Karl-May-Museum
Karl-May-Straße 5
01445 Radebeul
Tel.: 0351 8373010
www.karl-may-museum.de

www.radebeul.de

■ In der Manufaktur erhält das Porzellan seine filigrane Bemalung

■ Hier entstehen besonders edle Stücke

Porzellanproduktion live

Vom Elbufer aus präsentiert sich die Porzellanstadt in ihrer ganzen Schönheit mit den auf einer Anhöhe liegenden historischen Quartieren, gekrönt von Dom und Albrechtsburg. Wer sonst nichts von Meißen gehört hat, kennt zumindest eins: Das weltberühmte Porzellan mit dem Symbol der gekreuzten Schwerter bringt wohl jeder mit der Stadt in Verbindung. Anders als die Stadt selbst schreibt sich die Handelsmarke übrigens „Meissner Porzellan", also mit Doppel-S, entsprechend heißt der Ort, an dem es hergestellt wird, auch Staatliche Porzellan-Manufaktur Meissen GmbH. Die 1710 gegründete Produktionsstätte ist zu besichtigen; in einer Schauwerkstatt können Besucher direkt bei einer Fertigung zusehen. Eine Ausstellung zeigt mehr als 3.000 Stücke aus drei Jahrhunderten Porzellanproduktion. Das Gebäude liegt etwas versteckt im hinteren Bereich der Altstadt.

Die verwinkelte Altstadt am Burgberg lässt sich am besten zu Fuß erkunden, historische Häuser mit schmucken Portalen aus Sandstein säumen die

Staatliche Porzellan-Manufaktur Meissen GmbH
Talstraße 9
01662 Meißen
Tel.: 03521 4680
www.meissen.com

Die 1710 gegründete Produktionsstätte ist zu besichtigen; in einer Schauwerkstatt können Besucher direkt bei einer Fertigung zusehen.

engen und teils steilen, kopfsteingepflasterten Straßen. An einigen Plätzen liegt die Schönheit etwas brach, andere locken mit Straßencafés und liebevoll dekorierten Läden. Am höchsten Punkt erheben sich der Dom mit seinem Doppelturm und die ihn flankierende Albrechtsburg. Beides ist – einzeln oder mit einem Kombiticket – zu besichtigen (vgl. Nummer 8).

Es beeindruckt der Altarraum des Meißener Doms

Wie miteinander verwachsen: der Dom und die Albrechtsburg

Ein hochkarätiges historisches Ensemble

Meißen gilt als „die Wiege Sachsens", hier gründete König Heinrich I. im Jahre 929 eine erste Wehranlage, um die Herrschaft im Gebiet der Sorben auszuweiten. Heute weist unterhalb des Burgbergs ein Schild zur Albrechtsburg Meißen/Dom. Das Gebäudeensemble ist ab der dort ebenfalls abzweigenden Meisastraße auch mit einem Aufzug erreichbar, der allerdings zeitweise in die Schlagzeilen geriet, da er gelegentlich steckenblieb.

Dom und Albrechtsburg
Domplatz 1
01662 Meißen
www.albrechtsburg-meissen.de
www.touristinfo-meissen.de

Der mittelalterliche Dom wird zwar der Hochgotik zugeordnet, doch im Gebäude haben mehrere Epochen ihre Spuren hinterlassen. Sogar die Grundmauern der ersten steinernen Kirchbauten (ab dem 11. Jahrhundert) verbergen sich noch im Erdreich unter dem heutigen Dom. An dessen Platz stand bereits vor mehr als 1.000 Jahren eine wohl hölzerne Burgkapelle, die 968 mit der Gründung des damals noch katholischen Bistums Meißen durch König Otto I. zur Kathedrale erhoben wurde. Der heutige Dom zu Meißen gilt als eines der am wertvollsten ausgestatteten Kirchengebäude in Sachsen. Inzwischen dient er als Predigtkirche für den Landesbischof der evangelisch-lutherischen Landeskirche Sachsens.

Wie mit dem Dom verwachsen erscheint die spätgotische Albrechtsburg. Ihre schwanenweiße Fassade

> **Der mittelalterliche Dom wird zwar der Hochgotik zugeordnet, doch im Gebäude haben mehrere Epochen ihre Spuren hinterlassen.**

mit den leuchtend roten Dächern gibt ein ungewöhnliches Bild ab: Keine derbe Festungsanlage, sondern ein edles Schloss sitzt dort auf der nördlichen Seite des Burgbergs. Somit gilt sie als das erste Schlossgebäude Deutschlands.

Rund um Coswig begleiten herrliche Landschaftsparks die Elbe

Das Gartenreich lässt sich auch vom Wasser aus erkunden

Fürstlich verschönerte Landschaft

Bis Coswig mäandert die Elbe in großen Schlingen westwärts. Die kleine Stadt mit ihrer 1.000-jährigen Historie ist für ihre angrenzenden wunderschönen Landschaftsparks bekannt. Sie wurden im späten 18. Jahrhunderts angelegt und gehören zum Gartenreich Dessau-Wörlitz, das zum Weltkulturerbe der UNESCO erkoren wurde und sich in das Biosphärenreservat „Flusslandschaft Mittelelbe" bettet. Mit seiner wohl einmaligen Dichte an Denkmalen gilt es als Ausdruck der aufgeklärten Denkweise des Dessauer Fürstenhofs. Die Landschaft wurde quasi zum Weltbild ihrer Zeit.

Das Gartenreich Dessau-Wörlitz ist in der zweiten Hälfte des 18. Jahrhunderts an der mittleren Elbe und unteren Mulde entstanden. Zwischen der Bauhausstadt Dessau und der Lutherstadt Wittenberg gelegen, erstreckt es sich heute auf 142 Quadratkilometern. Es umfasst wesentliche Gebiete des historischen Fürsten- oder Herzogtums Anhalt-Dessau. Fast das gesamte Territorium wurde durch das Landesverschönerungsprogramm des Fürsten Franz gezielt umgestaltet und damit aufgewertet.

Es lohnt, sich die Zeit zum Lustwandeln zu nehmen oder in eines der Boote zu steigen, die zu Ausflügen durch die Pflanzenwelt starten. Ein Highlight ist Schloss Wörlitz auf einer Insel. Das Gartenreich ist auch sehr schön vom Turm der St.-Petri-Kirche aus zu bewundern. Im Kirchturm ist obendrein die Ausstellung „Zwischen Himmel und Erde" zu entdecken, die in den Räumen der ehemaligen Wohnung der Türmerin untergebracht ist.

Gartenreich Dessau-Wörlitz

Kulturstiftung Dessau-Wörlitz
Ebenhanstraße 8
Schloss Großkühnau
06846 Dessau-Roßlau
Tel.: 0340 646150
www.gartenreich.de

www.kirche-woerlitz.de

Mit seiner wohl einmaligen Dichte von Denkmalen gilt das Gartenreich Dessau-Wörlitz als Ausdruck der aufgeklärten Denkweise des Dessauer Fürstenhofes.

■ Der berühmte Bauhaus-Komplex in Dessau

■ Charakteristisch: Die Architektur aus Glas, Stahl und Beton

Gropius, Meyer und van der Rohe

Ihre beiden vorher eigenständigen Ortschaften haben sich 2007 zu einer kreisfreien Doppelstadt vereint, allein der Fluss trennt sie nach wie vor: Der Ortsteil Dessau liegt auf der linken und Roßlau auf der rechten Elbseite. Die Bauhausstadt Dessau-Roßlau zählt seit 1996 zum UNESCO-Welterbe. Es beeindruckt das ab 1925 nach Entwürfen von Walter Gropius errichtete Bauhaus aus Glas, Stahl und Beton, in das jedes Element ohne aufgesetzte Effekte integriert ist, ganz im Sinne des Begründers der Stilepoche, wonach die Form der Funktion gehorcht. Dessau war zum neuen Sitz der Bauhaus-Schule ausgewählt worden, nachdem sie Weimar aus politischen Gründen aufgegeben hatte.

www.bauhausstadt.de

Konkret wirkte das Bauhaus in Dessau für sieben Jahre (1925 bis 1932). Die berühmte Hochschule hatte wie wohl

Das Bauhausgebäude und die Meisterhaussiedlung gehören seit 1996 zum UNESCO-Welterbe, seit 2017 auch die Laubenganghäuser in der Siedlung Törten.

keine andere die Architektur und das Design des 20. Jahrhunderts nachhaltig beeinflusst – auch hier. Drei Direktoren hinterließen in der Stadt ihre Spuren. Walter Gropius war dabei der erste Direktor, innerhalb von nur eineinhalb Jahren ließ er nach seinen Plänen in Dessau das Bauhausgebäude und die Meisterhaussiedlung errichten. Im Sommer 1926 folgten die ersten Reihenhäuser in der Siedlung Törten, weitere Bauten entstanden bis 1932. Von Gropius stammen das Konsumgebäude und das Arbeitsamt, von Hannes Meyer (1889–1954), dem zweiten Bauhausdirektor, die Laubenganghäuser in der Siedlung Törten. Ludwig Mies van der Rohe (1886–1969) wiederum, ab 1930 dritter Direktor, hinterließ eine Trinkhalle.

■ Der Dom zu Magdeburg erhebt sich nahe dem Elbufer

■ Den Alten Markt ziert eine Kopie des berühmten „Goldenen Reiters"

Zu Gast in der Ottostadt

Schon von der Elbpromenade aus zeigen sich die verschiedenen Gesichter Magdeburgs. Da ragen die Türme der ehrwürdigen Sakralbauten hervor, das sie umgebende Häusermeer hingegen präsentiert sich vielfach geradlinig und modern. Für einen Moment scheint vergessen, dass dies mit rund 1.200 Jahren Geschichte eine der ältesten Städte Deutschlands ist, um im nächsten wieder vom Gegenteil zu überzeugen. So versteht sich die Landeshauptstadt mit ihren rund 235.000 Einwohnern als lebendige Metropole, genauso aber auch als mittelalterliches Erbe, Zentrum der „Straße der Romanik" und Stadt Ottos des Großen. Der römisch-deutsche Kaiser gründete im Jahr 968 ein Erzbistum in Magdeburg und ebnete damit den Weg für die Christianisierung der Slawen. Der Dom zu Magdeburg St. Mauritius und Katharina, so der offizielle Name, wurde ab 1207 erbaut und im Jahr 1363 geweiht. Damit ist er die älteste gotische Kathedrale in Deutschland. Hier befindet sich die Grabstätte Otto I. und seiner ersten Gemahlin Editha.

www.magdeburg.de

Die Landeshauptstadt versteht sich als lebendige Metropole, genauso aber als mittelalterliches Erbe, Zentrum der „Straße der Romanik" und Stadt Ottos des Großen.

Mitten im Stadtzentrum, im Trubel zwischen Dom, Shopping und Hauptbahnhof steht das auffälligste Gebäude Magdeburgs: Die Grüne Zitadelle ist auf den Blick gar nicht grün, sondern vor allem leuchtend rosa, doch dann fallen all die Pflanzen ins Auge, die aus dem Komplex heraus wachsen. Er präsentiert, gewohnt schräg und verspielt, die heitere Baukunst Friedensreich Hundertwassers (1928–2000).

■ Diese Kreuzung der ungewöhnlichen Art befindet sich nahe Magdeburg

■ Eindrucksvoll: Das Geschehen in der zugehörigen Schleuse

An der Kreuzung der Wasserstraßen

Es ist ein Platz mit Seltenheitswert: eine Kreuzung aus Wasserwegen. Aus Richtung Magdeburg ankommend, wirkt das Konstrukt, das sich da bei Hohenwarthe über die Elbe spannt, wie eine Straßenbrücke. Erst oben angekommen – der Elberadweg zweigt hier rechts ab und führt hinauf – erkennt man, dass es sich um einen Kanal handelt. Hier, am Wasserstraßenkreuz Magdeburg führt der in den Elbe-Havel-Kanal übergehende Mittellandkanal über die Elbe.

Einmal quer durch das Land: Der Mittellandkanal (MLK) verbindet den Westen mit dem Osten Deutschlands, die Wasserstraßen von der Weser bis zur Elbe. Er beginnt mit Kilometer 0 am „nassen Dreieck" bei Münster. Von dort ist über einen Abschnitt des Dortmund-Ems-Kanal (DEK) das östliche Ruhrgebiet schnell erreicht. Nach der Wende wurde der Mittellandkanal weiter ausgebaut; er endet heute bei Kilometer 325,7 am Wasserstraßenkreuz Magdeburg, wo er in den Elbe-Havel-Kanal übergeht und ein Abstiegskanal in die Elbe führt. Damit ist dies der längste Kanal Deutschlands und besonders für die Berufsschifffahrt eine Hauptverkehrsachse. Viele Verladestellen und Häfen liegen an ihren Ufern. Einige Ballungszentren berührt der Mittellandkanal direkt, mit weiteren Industrie- und Gewerbegebieten ist er über Stichkanäle verbunden: Osnabrück, Hannover-Linden und -Misburg, Hildesheim und Salzgitter.

Europäisches Wasserstraßenkreuz

Information und Anmeldung zu Führungen:
Minden Marketing GmbH
Tourist-Information
Domstraße 2
32423 Minden
Tel.: 0571 8290659
www.minden-erleben.de

Am Wasserstraßenkreuz Magdeburg führt der in den Elbe-Havel-Kanal übergehende Mittellandkanal über die Elbe.

■ Das Kloster Jerichow mit seiner markanten doppeltürmigen Kirche

■ Das Backsteinmuseum informiert über die Geschichte des Baustoffs

Sakraler Backstein mit Geschichte

Die 1144 erstmals urkundlich erwähnte Stadt Jerichow liegt an einem alten Elbarm und am Elbe-Havel-Kanal. Äußerst sehenswert ist ihr bekanntes Kloster mit der doppeltürmigen romanischen Klosterkirche. Es liegt mitten im Jerichower Land, in einer reizvollen Umgebung am Rande eines Naturschutzgebietes in den Elbniederungen. Auch ein Klostermuseum wurde eingerichtet. Das Kloster Jerichow ist ein altehrwürdiges Stift des Ordens der Prämonstratenser. Sie errichteten das Kloster in der Spätromanik aus vor Ort gefertigten Backsteinen. Die weitgehend unveränderte Anlage besticht in ihrer schlichten Schönheit. In langer Tradition eröffnete 2014 im Kloster Jerichow auch wieder eine Geist-Brennerei.

Gäste sind dazu eingeladen, frische „Geiste" aus der hauseigenen Brennblase zu verkosten.

Der 1144 gegründete Ordensstandort in Jerichow gehört heute zu den ältesten Backsteinbauten Norddeutschlands, da der Bau des Doms Havelberg aller Feldsteine der Region bedurfte. Besucher erfahren im neueingerichteten Backsteinmuseum Interessantes zur Entstehungsgeschichte des Baustoffs in der Elb-Region und dessen Verbreitung – und unter anderem auch, wie ein Baugerüst genutzt und wie in vergangener Zeit gebaut wurde.

Der 1144 gegründete Ordensstandort in Jerichow gehört heute zu den ältesten Backsteinbauten Norddeutschlands.

Stiftung Kloster Jerichow

Am Kloster 1
39319 Jerichow
Tel.: 039343 285
www.stiftung-kloster-jerichow.de

Reise ins Mittelalter

Der Anblick der Hansestadt zählt zu den schönsten Eindrücken entlang der Elbe: Stolz erhebt sich Tangermünde über mächtigen Stadtmauern. Unter Kaiser Karl IV., der sie von 1373 bis 1378 als Bild mit der klinkerroten Stadtmauer und den dahinter hervor lugenden historischen Gebäuden. Hier, wo die Tanger in die Elbe mündet, entstand die auf einem hohen Plateau errichtet Stadt vor rund 800 Jahren im Schutz einer Burganlage, die bereits im frühen 11. Jahrhundert existierte. Einige Türme ragen aus dem kleinen Häusermeer, am höchsten ist mit 87 Metern der Nordturm der St.-Stephans-Kirche. Erst hinter der Mauer wird sichtbar, dass sich viele Fachwerkhäuser im Zentrum verteilen und einiges von der mittelalterlichen Bebauung fehlt.

Stadtverwaltung Tangermünde

Lange Straße 61
39590 Tangermünde
Tel.: 039322 930
www.tangermuen de.de

Am 13. September 1617 wurden zwei Drittel der Stadt bei einem verheerenden Brand verwüstet. Das historische Tangermünde konnte weitgehend erhalten bleiben, weil die zu vielen

Die klinkerrote Stadtmauer von Tangermünde sieht noch nahezu genauso aus wie zu Ritterzeiten.

Neubauten führende Industrialisierung sich auf den Norden der Stadt. Bei einem Besuch des Heimatmuseums im Alten Rathaus erfährt man mehr über die wechselvolle Geschichte der Stadt bis 1900. Die Stadtmauer von Tangermünde wurde um 1300 errichtet und im 18. bis 19. Jahrhundert umfangreich erneuert. Besonders von der Flussseite aus betrachtet, ist der Anblick noch nahezu derselbe wie zu Ritterzeiten. Am anderen Elbufer besticht Jerichow mit einer romanischen Klosteranlage (vgl. Nummer 23).

Bistum mit langer Geschichte

Havelberg, die ehrwürdige Hansestadt am Zusammenfluss von Havel und Elbe, lohnt sich. Überaus reizvoll erhebt sich ihr Altstadtkern auf einer Elbinsel. Im Zentrum rund um das Rathaus laden einige Terrassencafés zur Einkehr ein. Über eine Stiege geht es hoch zum Dom St. Marien (12. Jahrhundert) und dem zugehörigen Kloster – mit einem tollen Ausblick über die Stadt. Das Bistum Havelberg wurde erstmals im Jahr 946 oder 948 urkundlich erwähnt, da sind sich Historiker nicht ganz einig. Es zählte in jedem Fall zu den ältesten Bistümern östlich der Elbe und machte sich bereits ab 1358 als Hansestadt einen Namen, genauso wie das schräg gegenüber liegende Werben, Tangermünde und weitere Städte der Region (Gardelegen, Salzwedel, Osterburg, Stendal, Seehausen). Im Rostocker Verzeichnis wird Havelberg von Beginn an als Mitglied der Hanse aufgeführt, den heutigen offiziellen Titel „Hansestadt Havelberg" trägt es jedoch erst seit 2008. Auch das Haus der Flüsse ist interessant. Eine interaktive Ausstellung widmet sich dort der Unteren Havel und dem Biosphärenreservat „Mittelelbe". Nahe dem Stadtgraben nordöstlich der Altstadtinsel Werben bilden ein besonderes Duo: Die eine sitzt majestätisch auf einer Elbinsel, prunkt mit Dom und Klosteranlage. Die andere gibt sich dörflich und unscheinbar, hat aber genauso eine spannende Geschichte. Beide gehörten dem Handelsbund der Hanse an und liegen sich fast gegenüber.

Tourist-Information Havelberg
Uferstraße 1
39539 Hansestadt Havelberg
Tel.: 039387 79091
www.havelberg.de

> **Havelberg zählte zu den ältesten Bistümern östlich der Elbe und machte sich bereits ab 1358 als Hansestadt einen Namen**

Das Rathaus am Marktplatz mit seinem Treppengiebel

Werben präsentiert sich beschaulich und steckt voller Geschichte

Biedermeier im Hansebund

Werben am linken Elbufer kann zwar mit dem Bistumssitz Havelberg und seinen Bauten nicht ganz mithalten, dafür hält sie den Rekord als kleinste Hansestadt Deutschlands. Rund 800 Einwohner leben hier, in Havelberg sind es fast 7.000. Interessant ist in jedem Fall die rund 1.000-jährige Stadtgeschichte, unter anderem liegen hier die Wurzeln des Johanniterordens. Nachdem Markgraf Albrecht der Bär dem Orden die heutige St.-Johannis-Kirche übertragen hatte, wurde diese zum Hauptsitz des Ordens erklärt. Es gefallen auch das Rathaus mit seinem Vorplatz, um den sich einige restaurierte Fachwerkhäuser gruppieren, und das Elbtor mit einem angelegten Storchennest gleich daneben. Andere Teile Webens wiederum sind noch dem Verfall preisgegeben.

Werben ist auch als Stadt der Störche bekannt – eine Storcheninformationsstelle ist im Rathaus zu finden. Auch mit dem Beinamen „Biedermeierstadt" wird die kleine Ortschaft oft erwähnt. Denn mehr noch als das mittelalterliche Erbe blieben Wohnhäuser und kleinstädtische Grundstrukturen, wie sie im Biedermeier existierten, erhalten und prägen das Bild. Die Substanz der mittelalterlichen Hansestadt wurde bei Kriegen weitgehend zerstört, sie blitzt noch durch im Stadtgrundriss, mit der St. Johanniskirche, dem Elbtor und der Salzkirche. Die heutige schlichte Fachwerkstadt hingegen entstand erst im späten 18. Jahrhundert. Mit den regelmäßig organisierten Biedermeier-Märkten möchte Werben auf seinen Charakter aufmerksam machen und besondere Erlebnisse schaffen.

Werben am linken Elbufer hält den Rekord als kleinste Hansestadt Deutschlands.

Tourist-Information Werben
Marktplatz 1
39615 Hansestadt
Werben (Elbe)
Tel.: 039393 92755

Ein Dorf mit Meister Adebar

Storchennester, oft künstlich von Menschenhand auf hohen Pfählen aufgestellt, sieht man häufiger an der Elbe. Eine Ortschaft aber übertrifft alles: Rühstädt, ungefähr auf halber Strecke zwischen der Hansestadt Havelberg und Wittenberg. Die Ansiedlung am rechten Elbufer gilt als das storchenreichste Dorf Deutschlands. Fast auf jedem Dach, so scheint es, thront ein mit gefiederten Bewohnern besetzter Horst, insgesamt sind es mehr als 40 Nester. Alljährlich im Frühling reisen ungefähr 70 bis 80 Störche aus ihren Winterquartieren an, um sich in Rühstädt für die Brut niederzulassen.

Der „Babyboom" ist dem jahrzehntelangen Engagement der Einheimischen zu verdanken. So wurde im Jahr 1990 der Storchenclub Rühstädt als erster Fremdenverkehrsverein in der Prignitz gegründet. Seine Mitglieder setzten sich das Ziel, im Dorf und seiner Umgebung einen Lebensraum für die Tiere zu schaffen und zu bewahren. Besucher des Dorfes kommen in den Genuss einmaliger Anblicke und Fotomotive. Außerdem kann jeder im Info-Centrum des Clubs, dem „Storchenhaus", mehr über Meister Adebar und sein Leben erfahren. Neben einer kleinen Ausstellung gibt es aktuelle

Im Jahr 1996 erhielt Rühstädt von der Stiftung Europäisches Kulturerbe den Titel „Europäisches Storchendorf".

Informationen zur Nistsituation in Rühstädt. Auch begleitete Führungen durch den Ort werden angeboten. Am Ortsrand befindet sich außerdem ein Besucherzentrum mit der NABU-Ausstellung „Weltenbummler Adebar". Ein besonders schöner Platz, um die Tiere zu beobachten, ist der „Storchenbalkon" mitten im Ort, nur wenige Schritte von Schlosshotel entfernt.

Storchenclub Rühstädt e. V.

Am Schloss 5
19322 Rühstädt
Tel.: 038791 6703
www.storchenclub.de

www.besucherzentrum-ruehstaedt.de

■ In Dömitz liegt eine der letzten norddeutschen Flachlandfestungen

■ Die Anlage ist Besuchern zugänglich und birgt ein Museum

Militärisches Fünfeck

Museum Festung Dömitz

Auf der Festung 3
19303 Dömitz
Tel.: 038758 22401
www.festung-doe
mitz-museum.de

Wie mit einer riesigen Form ausgestochen liegt es in der grünen Auenlandschaft. Ein gradliniges Fünfeck, an dessen Ecken ebenso akkurate Vierecke sitzen und wie Pfeile in alle Richtungen zeigen. In Dömitz am Elbufer ist eine Festungsanlage zu bewundern, wie sie sich „Carcassonne"-Spieler allenfalls erträumen können. Errichtet wurde sie ab 1559 durch den mecklenburgischen Herzog Johann Albrecht I. Johann Albrecht I. ließ die größte Festung Mecklenburgs in den Jahren 1559 bis 1565 erbauen, um die Südwestgrenze Mecklenburgs und die Elbübergänge zu sichern. Dazu hatte er in der Nähe sogar eigens eine Ziegelei errichten lassen. Weil es im Umland an Arbeitskräften mangelte, beschäftigte er Maurer aus Italien. Auch der für die Planung der kompletten Anlage zuständige Baumeister Francesco a Bornau kam von dort. Nach nur sechs Jahren war die Festung fertig. Sie diente im Dreißigjährigen Krieg mit ihrer strategisch günstigen Lage (1618 bis 1648) als Stützpunkt für wechselnde Parteien – darunter anderem auch die berühmten Feldherren Johann T'Serclaes Graf von Tilly und Albrecht Wenzel Eusebius von Waldstein, besser bekannt als Wallenstein. Während der Schlacht bei Dömitz wurde 1635 der gesamte Ort im niedergebrannt. Die Stadt war spätestens ab Mitte des 17. Jahrhunderts von einer Wallanlage mit davor liegendem Wassergraben umgeben. Seit 1705 diente die Festung auch als Irrenhaus und Gefängnis. Mehrfach verändert, konnte sie als eine der letzten norddeutschen Flachlandfestungen des 16. Jahrhunderts erhalten werden.

In Dömitz am Elbufer ist eine Festungsanlage zu bewundern, wie sie sich „Carcassonne"-Spieler allenfalls erträumen können.

■ Das Städtchen Hitzacker am ehemaligen „Eisernen Vorhang"

■ Farbenfrohe Fachwerkfassaden begleiten die Straßen im Zentrum

Vorkaiserliche Elbzölle und DDR-Erbe

„Die Erhebung des Elbzolles hat spätestens am 1. Juli 1870 aufzuhören." So verordneten es „Wir, Wilhelm, von Gottes Gnaden König von Preußen" per Gesetz. Mit der Reichsgründung wurde die Zollpflicht aufgehoben. Damit endete die jahrhundertelange Praxis, dass die Fischer Abgaben auf ihre Waren leisten mussten. In Hitzacker etwa war der Elbzoll bereits seit 1248 eingetrieben worden. Daran erinnert das älteste erhaltene Gebäude (1598) in der Fachwerkstadt: Hier verwaltete der Zöllner die Elbzölle für die Celler Linie des Welfen-Hauses. Heute ist das Alte Zollhaus ein Museum, in dem über dieses Thema informiert wird. Zu sehen ist auch das „Bücherrad" als Nachbau einer Erfindung des Welfen-Herzogs August dem Jüngeren, der von 1604 bis 1634 in Hitzacker residierte. Ein Teil der Ausstellung berichtet davon, was die innerdeutsche Grenze für die hier lebenden Menschen bedeutete. Die Elbe markierte auf vielen Kilometern die Grenzlinie des Eisernen Vorhangs zwischen Ost und West. Auf dem Deich stand der streng bewachte Sperrgitterzaun. So erinnert man sich in Hitzacker auch an Busladungen von Westdeutschen, die zu DDR-Zeiten anreisten, um einen Blick nach „drüben" zu werfen. Aus diesem Stück Geschichte stammt in Hitzacker ein ehemaliges Zollboot, das man für Gruppentouren oder Hochzeiten chartern kann. Es diente nach dem Zweiten Weltkrieg vor allem dazu, die Zöllner auf den Motorbooten abzusetzen, damit sie die Kähne, Schlepp- oder Schubverbände kontrollieren konnten. Auch bei Patrouillenfahrten entlang der Grenze war es unterwegs.

Busladungen von Westdeutschen reisten an, um einen Blick nach „drüben" zu werfen.

Zollhaus Hitzacker
Zollstraße 2
29456 Hitzacker (Elbe)
Tel.: 05862 8838
www.museum-hitzacker.de

Kur- & Touristinformation Hitzacker
Am Markt 7
29456 Hitzacker (Elbe)
Tel.: 05862 96970
www.elbtalaue.de

■ Im Biosphaerium Elbtalaue in Bleckede sind auch Biber zuhause

■ Die Ausstellung informiert über das Biosphärenreservat

Bei Meister Bockert in Bleckede

Sein Meistertitel entstammt Fabeln, doch er trägt ihn zu Recht. Weiß doch der Biber am allerbesten, wie man effektive Flussbauwerke anlegt. Bei schwankendem Wasserstand konstruiert er Dämme, damit der Eingang zu seiner Burg immer unter der Wasseroberfläche liegt. Den Wohnkessel kleidet er mit Holzspänen aus, bringt Schlamm, Wasserpflanzen und Hölzer aus, um eine angenehme Temperatur herzustellen. Zugleich gestaltet er Feuchtgebiete mit seinen wasserregulierenden Bauwerken. Damit trägt Meister Bockert zur Renaturierung der Elbauenlandschaft und einer artenreichen Flora und Fauna bei. Beinahe hätte es ihn selbst erwischt: Menschen jagten ihn wegen seines Fleisches, des Fells und des vermeintlich wundersamen Bibergeils, seinem Drüsensekret, das auch bei der Parfümherstellung verwendet wird. Durch entwässerte Landschaften und ausgebaute Flüsse minimierte sich sein Lebensraum. Es führte dazu, dass der Biber – er selbst ist Veganer – im 19. Jahrhundert europaweit so gut wie ausgerottet war. An der Mittleren Elbe zählte man 1919 noch 200 Tiere. Naturschutz und Biberschongebiete trugen dazu bei, dass sich der Bestand erholen konnte. Im Jahr 2009 gab es rund 8.500 Elbebiber. Mit Glück entdeckt man die scheuen Tiere bei Radtouren oder Wanderungen. Auf jeden Fall kann man sie durch eine Glasscheibe im Biosphaerium Elbtalaue in Bleckede beobachten, wo auf dem Freigelände ein Biberbau mit zwei Bewohnern eingerichtet wurde. Auch ansonsten lohnt sich die Ausstellung zum Biosphärenreservat „Niedersächsische Elbtalaue".

Biosphaerium Elbtalaue
Schlossstraße 10
21354 Bleckede
Tel.: 05852 951414
www.biosphaerium.de

Ein ausgewachsener Elbebiber wiegt 25 Kilogramm und ist 125 Zentimeter lang. Damit ist es das größte Nagetier Europas.

■ Von der Binnenschifffahrt geprägt: Lauenburg

■ Malerisch und ruhig gibt sich die Altstadt

Die Arschbackenbrühe der Binnenschiffer

www.lauenburg-el
be.de

Wer heute nach „Elbeschifffahrt" sucht, findet vor allem Ausflugsfahrten. Doch traditionell hat der Begriff eine weitaus größere Bedeutung. Es begann mit dem Einbaum und führte bis zu den heutigen Tankschiffen. Einen Dreh- und Angelpunkt war und ist noch immer Lauenburg. Das Städtchen liegt am Elbufer, in seinem Gebiet zweigt der Elbe-Lübeck-Kanal ab und rund drei Kilometer weiter der Elbe-Seitenkanal. Bereits ab 1398 war es über den Stecknitzkanal mit Lübeck verbunden und kann die historisch einmalige Palmschleuse vorweisen (siehe „Das kleine Besondere", S. 139). Es versteht sich also von selbst, dass in Lauenburg das Elbschifffahrts-museum seinen Platz finden musste. Dort ist 2014 die neue Ausstellung „Mensch – Modell – Maschine" eingezogen. Sie berichtet, wie sich die harten Arbeits- und Lebensbedingungen

In der besonders backsteinroten Altstadt verstecken sich Lokale mit Elbterrassen oft hinter den Häuserfronten.

beim Schiffbau und in der Schifffahrt innerhalb von 1.000 Jahren veränderten. Man erfährt auch, was „Arschbackenbrühe" für Binnenschiffer bedeutete. In anderen Räumen ist zu erleben, wie sich der Elbgrund bei Niedrigwasser oder rutschige Eisschollen auf der winterlichen Elbe anfühlen. Auch die Perspektiven rund um das Museum gefallen: Die besonders backsteinrote Altstadt, hinter deren Häuserfronten Lokale mit Elbterrasse oft etwas versteckt liegen, und über alldem die ehemalige Residenz der Herzöge Sachsen-Lauenburg. Von der Schlossanlage blieben nach einem Brand anno 1616 noch ein Gebäudeflügel und der mittelalterliche Schlossturm mit Gefängniszellen. Von hier oben aus ist auch die Elbe besonders schön zu überblicken.

■ Die Schleuse bei Geesthacht passieren etliche Schiffe

■ Staustufe und Schleuse regulieren das Fahrwasser der Elbe

Technik-Ort mit eindrucksvoller Schleuse

Geesthacht ist anders als die anderen Städte an der Elbe – und somit für viele auch mal eine willkommene Abwechslung. Anstelle von Fachwerk-Romantik und Burgen prägte vor allem Technik die Stadt. So befindet sich im Ortteil Krümmel, die 1866 von Alfred Nobel gegründete Pulverfabrik, in der der berühmte schwedische Chemiker das Dynamit erfand. Mehr dazu erfahren Gäste im interaktiven GeesthachtMuseum, das im ältesten Gebäude der Stadt untergebracht ist, dem Krügerschen Haus. Zu Geesthacht gehören außerdem das einzige Pumpspeicherkraftwerk Norddeutschlands, das 1958 errichtet wurde und das seit 2011 stillgelegte Kernkraftwerk Krümmel.

www.geesthacht.de

Von der Brücke vor Geesthacht aus bietet sich obendrein ein imposanter Anblick auf die Elbstaustufe bei Geesthacht mit der großen Doppelkammerschleuse und Fischtreppen (einer Fischaufstiegsanlage), über die Fische das Wehr überwinden können. Staustufe und Schleuse bei Geesthacht regulieren das Fahrwasser der Elbe, von der in südlicher Richtung der Elbe-Lübeck-Kanal sowie der Elbe-Seitenkanal abzweigen, sowie zwischen Hamburg und Cuxhaven.

Geesthacht ist anders als die anderen Städte an der Elbe – und somit für viele auch mal eine willkommene Abwechslung.

Am rechten Elbufer hinter Geesthacht geht es durch zwei Naturschutzgebiete: Zum NSG Besenhorster Sandberge und Elbsandwiesen gehört ein Düne mit Aussichtspunkt. An seiner südlichen Grenze befindet sich übrigens die Pulverfabrik. Es folgt das NSG Borghorster Elblandschaft rund um Altengamme.

■ Hamburgs „Dreistromland" hat viele idyllische Winkel …

■ … geprägt von den Flüssen Bille, Dove- und Gose-Elbe

Hamburgs Dreistromland

www.bergedorf.de

Im äußersten Osten der Hansestadt hat sich schon vor rund achthundert Jahren eine einmalige Kulturlandschaft entwickelt: Die „Vier- und Marschlande" im heutigen Bezirk Bergedorf entstanden mit der Eindeichung der Elbmarsch ab dem 12. Jahrhundert. Davon zeugen noch Feldentwässerungsmühlen und reetgedeckte Hufnerhäuser. Die fruchtbaren Marschböden bieten beste Voraussetzungen für die Landwirtschaft und besonders auch für den Gartenbau. Noch immer gefragt sind die weltweit exportierten Vierländer Maiblumen, die hier optimale Wachstumsbedingungen vorfinden. Die Region zwischen dem Fluss Bille sowie der Dove- und Gose-Elbe wird auch als Hamburgs Dreistromland bezeichnet und bietet wundervolle Ausflugsmöglichkeiten. So ist „Hamburgs Gemüsegarten" auch ein Radlerparadies. Ein Teil des Elbe-Radwegs und andere wunderschöne Strecken führen durch

Die „Vier- und Marschlande" im heutigen Bezirk Bergedorf entstanden mit der Eindeichung der Elbmarsch ab dem 12. Jahrhundert.

die Region. Eine ganz besondere folgt dem Verlauf historischer Bahnlinien. Sie dienten einst dem Personen- und Gütertransport zu den Hamburger Märkten. Die Vierländer Bahn fuhr über 12,4 Kilometer von Bergedorf-Süd bis Zollenspieker. Die Hamburger Marschbahn verband auf 33,7 Kilometern die Ortschaften Billbrook und Geesthacht. Wo sich früher Gleise befanden, sind größtenteils herrlich befahrbare Wege entstanden. Auch sind dabei ehemalige Bahnhofsgebäude zu entdecken, etwa die ehemalige Station Pollhof, in der sich heute eine urige Gaststätte mit Hotel und Biergarten befindet.

■ Schmal und naturbelassen ist der Nebenarm der Norderelbe

■ Besonders schön sind die Perspektiven vom Boot aus

Wo die Elbe ‚dove‘ und ‚gose‘ wurde

Immer schmaler werdend, schlängelt sich der Fluss durch Wiesen und Felder. Am Rand trinkende Kühe gucken ungläubig, ein Fischadler zieht Kreise. Man erahnt Kröten und Molche im Ufersaum. Es grüßen auch Pferde, etliche andere Vögel, Vierländer Bauernhäuser und eine Windmühle, kunterbunte Hausboote. Mit dem Boot dem Lauf der Dove-Elbe zu folgen, ist wie ein Kurzurlaub fernab der Stadt. Der 18 Kilometer lange Nebenarm wurde im Mittelalter durch Deiche von der Norderelbe getrennt, so wurde er zum „tauben" (niederdeutsch: „doven") Gewässer. Die Bauern der Vier- und Marschlande nutzten den 18 Kilometer langen Fluss, um ihr Gemüse zu den Hamburger Märkten zu bringen. Heute können ihm Kanus und in behutsamem Tempo auch Motorboote folgen. Dann, am Neuengammer Durchstich, dürfen nur Paddler sich außerhalb der Vogelbrutzeit noch weiter wagen. Der schmale Kanal führt in die Gose-Elbe, einen weiteren Altarm, dessen Name so viel wie „trocken, flach" bedeutet. Noch idyllischer wird es hier, zwischen Seerosen, Schilfgürteln und dichtem Blattwerk. In der anderen Richtung geht es paddelnd durch die Reitschleuse in die Dove-Elbe. Sie

Der Tatenberger See wird im Sommer zum hanseatischen Saint Tropez.

verbreitert sich hier zu Buchten, im Sommer ein hanseatisches Saint Tropez: Yachten ankern, Bikini-Miezen aalen sich. Hier befinden sich auch der Wasserpark mit Stegen für Sonnenanbeter und die Regatta-Strecke Hamburg-Allermöhe. Durch die Tatenberger Schleuse gelangen Boote mitten ins Hafengebiet. Der Eichbaumsee beim Wasserpark eignet sich nicht zum Baden, dafür aber der See hinterm Horn sechs Kilometer weiter östlich.

Bootsverleih
www.bootszentrum-hamburg.de
www.paddel-meier.de

Wasserpark Dove-Elbe
Allermöher Deich 36

■ Mit der Maritime Circle Line geht es durch den Hamburger Hafen …

■ … und gezielt zu Sehenswürdigkeiten wie dem Maritimen Museum

Hop-on, Hop-off zu maritimen Highlights

Den Hamburger Hafen, klare Sache, lernt man am allerbesten vom Wasser aus kennen. Viele steigen dazu in die Barkassen, mit denen eine kleine oder große Hafenrundfahrt möglich ist. Auch das ist eine schöne Möglichkeit. Wer obendrein zugleich eine ganze Wundertüte an Kultur erleben möchte, begibt sich an Bord der feuerwehrroten Barkassen, auf denen ein weißer Schriftzug verkündet: „Maritime Circle Line". Das Einsteigen – und Aussteigen – ist an acht Stationen möglich. Alle befinden sich jeweils bei einer besonderen Sehenswürdigkeit. Denn diese Linie verbindet als einzige mit festem Fahrplan sämtliche Highlights und Museen im Hamburger Hafen auf einem Rundkurs. Dazu zählen unter anderem das Auswanderermuseum BallinStadt, das Hafenmuseum, das Internationale Maritime Museum, die Elbphilharmonie und die Speicherstadt mit den Attraktionen „Miniatur Wunderland" und „Dungeon". Die Fahrt geht auch vorbei an der Elbinsel Wilhelmsburg, dem Traditionsschiffhafen, den Landungsbrücken mit dem Museumsschiff „Cap San Diego", der HafenCity, allen Cruise Terminals, Reparaturwerften und dem Container Umschlag. Je nach Gusto bleibt man für die insgesamt 90-minütige Runde an Bord und lässt die Panoramen staunend auf sich wirken – oder man steigt da oder dort oder überall aus, um sich die Orte anzusehen. Die Hop-on/Hop-off-Hafenrundfahrt macht es möglich: Einmal zahlen und, beliebig oft für ein Sightseeing aus- und wieder einsteigen. Es kostet für Erwachsene 18 Euro und für Kinder (7 bis 15 Jahre) 9 Euro.

Maritime Circle Line Hamburg
Tel.: 040 28493963
www.maritime-circle-line.de

Diese Linie verbindet sämtliche touristischen Highlights und Museen im Hamburger Hafen auf einem Rundkurs

■ Wilhelmsburg bietet interessante Plätze am Wasser …

■ … und als gewachsener Stadtteil auch viel Kulturelles

Europas größte Flussinsel

Ist der Argentinienknoten ein seemännischer Versuch, den Palstek neu zu erfinden? Für eine Antwort auf diese Frage begibt man sich an den St.-Pauli-Landungsbrücken in einen kühlen Schlund, der einen nach 426,5 Metern in der Prärie der Kräne und Container wieder ausspuckt. Ganz anders als am nördlichen Hafenufer sieht es auf der südlichen Seite des Alten Elbtunnels aus, ein Bereich der noch urbanen Wildnis, die nun auch touristisch erschlossen wird. Den Tunnel können Fußgänger und Radfahrer rund um die Uhr passieren. Am südlichen Elbufer herauskommend, hält man sich geradeaus, fährt bald links über eine Brücke, wieder rechts und – siehe da, der Argentinienknoten. Soviel sei verraten, mit Bootsleinen hat er allenfalls indirekt etwas zu tun. Eine große Tafel der Hamburg Port Authority (HPA) erläutert Hintergründe. Es ist eine Station der Hafenerlebnisroute, die einmal über Europas größte Flussinsel führt, vorbei an Aussichtspunkten, Wasserbauwerken und anderen Sehenswürdigkeiten. Dazu gehören auch das Hafenmuseum, das Auswanderermuseum BallinStadt und das Museum Elbinsel Wilhelmsburg. Fast könnte man vergessen, dass dies ein zentrales Stück Hamburg ist. Anders und weit weg fühlt es sich an, das sich verwandelnde Viertel mit Kunst- und Kulturprojekten, bunten Kneipen, einer auflebenden Szene und jährlichen Events bei den die ganze Insel zum Festival wird: Noch ein Geheimtipp ist „48 Stunden Wilhelmsburg" mit Musikern von der Elbinsel, während das „MS-Dockville-Festival" schon viel bekannter ist.

www.hafenmuseum-hamburg.de

www.ballinstadt.de

www.museum-wilhelmsburg.de

www.musikvondenelbinseln.de

www.msdockville.de

Wer die Prärie der Kräne und Container durchquert hat, steht plötzlich in einem verwandelten Szenestadtteil.

Halbinsel der Speckscholle

Viele blicken auf Finkenwerder und ziehen dabei die Köpfe ein: Fette Flieger sausen im Sinkflug über den Jenischpark und die Elbe, so tief, dass man es an den Haaren zu spüren glaubt. Sie landen direkt am südlichen Ufer, denn hier befindet das Airbus-Werk. Mit rund 16.000 Beschäftigten ist es Hamburgs größter Arbeitgeber, wofür das naturgeschützte Mühlenberger Loch einiges einbüßen musste. Wer einmal dabei sein möchte, wenn Großraumflugzeuge zusammengebaut werden, kann das Gelände bei geführten Touren besichtigen. Von außen kann man einen Blick auf das Vorfeld, die Start- und Landebahn sowie den Roll- und Schleppverkehr des Sonderflughafens werfen: Auf dem Neßdeich befindet sich eine Besucherplattform.

www.finkenwerder.de

www.werksfuehrung.de

Das traditionelle Finkenwerder ist ganz anders mit seinen Backsteinbauten, dominiert vom Lotsenhaus Seemannshöft (errichtet 1914) auf der Spitze einer schmalen Landzunge. Genauso wie Airbus ist der Signal- und Beobachtungsturm mit der riesigen Uhr vom Nordufer aus zu sehen. Er markiert die Einfahrt des Hamburger Hafens. Hier sind die Hafenlotsen, der Schiffsmeldedienst und die nautische Zentrale des Hafens untergebracht. Wer noch genauer hinsieht,

Das traditionelle Finkenwerder ist ganz anders mit seinen Backsteinbauten, dominiert vom Lotsenhaus Seemannshöft.

erkennt nicht weit davon die Wasserrutsche des Finkenwerder Freibads. Hier können Schwimmer einen Blick auf die Elbe genießen – ähnlich wie in Brunsbüttel (siehe Kapitel 44). Die Halbinsel ist außerdem bekannt für Scholle mit Speck, Zwiebeln und Nordseekrabben („Finkenwerder Scholle"). Mit der Fähre ab Teufelsbrück ist man schnell drüben.

■ Viele der Obstplantagen im Alten Land liegen direkt am Elbufer

■ Bald sind sie erntereif: Äpfel im Alten Land

Im Apfelblütenland

Hamburg umrahmen auch besondere Kulturlandschaften, wie sie unterschiedlicher nicht sein könnten. Die wohl bekannteste ist durch einen Bestseller-Roman in den vergangenen Jahren noch berühmter geworden: Spätestens seit Dörte Hansen kennt man das Alte Land in allen Winkeln der Republik. Schon zuvor zog es etliche Ausflügler und Feriengäste in die Region, die die besonders im Frühjahr auch in einer Astrid-Lindgren-Geschichte mitspielen könnte: Das Apfelblütenland, könnte man sie auch nennen. Ein helles, schier endloses Blütenmeer sorgt für einmalige Fotomotive. Zum Herbst dann, wenn die prallroten Äpfel und andere Früchte reif sind, ist der Anblick ganz anders. Auch zu den anderen Jahreszeiten lohnt sich ein Ausflug nach Cranz, in den westlichsten Stadtteil Hamburgs, oder noch etwas weiter Richtung Stade. Bis hierher erstreckt sich die Kulturlandschaft, die südlich von Finkenwerder beginnt. Mit einer Fläche von rund 170 Quadratkilometern zählt sie zu den größten Obstanbaugebieten Europas. Angebaut werden vor allem Äpfel, anteilig sind es mehr als 70 Prozent, aber auch Birnen, Kirschen, Pflaumen und anderes Obst. Auch wenn es gerade keine Blüten oder Früchte gibt, gefällt es mit seinen gemütlichen Dörfern besonders hübschem Fachwerk, Windmühlen und Leuchttürmen. Maritimes vereint sich mit bäuerlicher Szenerie, das macht diesen Landstrich so besonders. Obsthöfe bieten Direktverkauf und Führungen an, in Restaurants serviert man Altländer Spezialitäten wie Apfelpfanne. Bereits seit 1316 ist der hiesige Obstbau urkundlich nachgewiesen.

Maritimes vereint sich mit bäuerlicher Szenerie, auch das macht das Alte Land so besonders.

Museum Altes Land
Westerjork 49
21635 Jork
www.tourismus-altesland.de

Tourismusverein Altes Land e. V.
www.tourismus-altesland.de
www.bergedorf.de

■ Von viel Wasser gerahmt, bietet Stade idyllische Perspektiven

■ Genauso ist das Erbe der Hansestadt allgegenwärtig

Hansestadt mit oft unentdecktem Charme

Museum Schwedenspeicher
Wasser West 39
21682 Stade
Tel.: 04141 797730
www.museen-sta
de.de

Viele wissen nicht, wie schön Stade ist. Wer ahnungslos hinfährt, wird überrascht von einer hübschen, verwinkelten Altstadt, umgeben von einem Burggraben und einstigen Wallanlagen. Der zwischen Cuxhaven und Harburg strategisch günstige gelegene Hafen spielte im Mittelalter eine zentrale Rolle. Obendrein war die Hansestadt über die Elbfähren mit dem Ochsenweg verbunden, jener historischen Handelsstraße, die durch Schleswig-Holstein bis Dänemark verlief, und lag an den Fernhandelswegen Richtung Paderborn und Hannover. Aus gutem Grund also gehörte Stade dem Kaufmannsbund schon zu Beginn an, ab 1373 entsandte sie Vertreter zu den Hansetagen. Einiges Sehenswertes stammt aus ganz anderen Zeiten. So erinnert im Hansehafen ein barockes Backsteingebäude (spätes 17. Jhdt.) daran, dass hier auch schon die Schweden das Sagen hatten. Sie eroberten Stade 1643, also gegen Ende des Dreißigjährigen Krieges, und bauten es zu einer bedeutenden Festung aus. Bis 1712 dauerte ihre Herrschaft an. Das Gebäude diente der schwedischen Garnison als Provianthaus. Heute ist im Schwedenspeicher ein Museum untergebracht. Neben der großen Altstadtinsel gibt es noch eine kleinere Insel. Hier verzückt eines der ältesten Freilichtmuseen Deutschlands. Ein 1733 errichtetes Altländer Bauernhaus zeigt reich verziertes Mauerwerk und noch einen Großteil der ursprünglichen Einrichtung. Nebenan steht ein Geest-Bauernhaus von 1641 mit der Insel-Gaststätte. Eine Bockwindmühle und eine Altländer Prunkpforte komplettieren das schmucke Ensemble.

Die Altstadt von Stade ist von einem Burggraben und einstigen Wallanlagen umgeben.

„Alte Liebe" in Cuxhaven

Wer einmal romantisch werden möchte, hält in Cuxhaven inne. Dort gibt es außer schönen Stränden auch einige Plätze, die zum Seufzen anregen. Der „Kai der Sehnsucht" erinnert an jene Zeiten, in denen Tausende von Menschen voller Hoffnung in die Neue Welt aufbrachen. Allein im Jahr 1900 verabschiedeten sich mehr als 65.000 Auswanderer an diesem Platz, der auch „Kai der Tränen" genannt wird. „Letzte Ecke vor Amerika" heißt eine hölzerne Kugelbake. Und wenn die Augen nun noch immer nicht feucht sind, geht es zur „Alten Liebe", dem schon seit 1733 bestehenden Schiffsanleger.

Für die Geschichte dessen Namens sowie des Anlegers gibt es verschiedene, weniger romantische Erklärungen. Vor Ort heißt es, der Wasserbaumeister Kapitän Spanninger habe anno 1733 drei alte Schiffe vor Cuxhaven versenkt. Eines davon soll „Die Liebe" geheißen haben. Die Wracks bildeten demnach das Fundament des heutigen Anlegers: Man umgab sie mit Pfählen, füllte den Zwischenraum mit Steinen und Buschwerk auf. So entstand das zweigeschossige Holz-Bauwerk, das auch als Wellenbrecher dient. Alt ist die „Alte Liebe" also wirklich. Einer anderen Auslegung zufolge diente ein altes Segelschiff namens „Olivia" einst als Anlegerponton. Die Schiffer sollen den Platz auf Plattdeutsch „Oliv" genannt haben, woraus sich später der Name „Alte Liebe" bildete. Heute trifft man sich auf der „Alten Liebe", um den großen Pötten aus aller Welt hinterherzuwinken. Ganz nahe fahren sie hier vorbei.

www.tourismus.cux haven.de

www.schiffsansage dienst-cuxhaven.de

Der „Kai der Sehnsucht" erinnert an jene Zeiten, in denen Tausende von Menschen voller Hoffnung in die Neue Welt aufbrachen.

■ Der Fähranleger Willkomm Höft mit seiner Schiffsbegrüßungsanlage

■ Schon auf der Promenade sind die Melodien und Ansagen zu hören

Maritime Begrüßung in 150 Sprachen

An alles hatte man gedacht: Hans Albers sorgte für den musikalischen Rahmen, der Weltumsegler und Polarforscher Karl Kircheiß taufte den Mast mit einer Flasche Rum. Gastgeber und Gäste feierten eine einmalige maritime Einrichtung. Nur eins fehlte an diesem Tag, dem 11. Juni 1952. Es kam kein Schiff vorbei, was etwas unpassend ist bei einer Schiffsbegrüßungsanlage. Doch am nächsten Tag schallten die Worte erstmals aus den Lautsprechern: „Willkommen in Hamburg, wir freuen uns, Sie in unserem Hafen begrüßen zu können" – auf Japanisch, denn das Schiff kam aus dem Land der aufgehenden Sonne. Es war die „Akagi Maru" mit Kapitän Kazuichi Murakami. Der war so begeistert von der Begrüßung, dass er nach dem Festmachen im Hamburger Hafen persönlich nach Wedel kam, um sich zu bedanken. Geblieben ist die traditionelle Zeremonie, mit der täglich rund 40 „salutfähige" Schiffe begrüßt oder verabschiedet werden, als solche gelten sie, wenn die Bruttoraumzahl über 1.000 liegt. Zu den Worten in der jeweiligen Landessprache wird die Hamburger Flagge gedippt, dies auch bei kleineren Schiffen, und das internationale Flaggensignal für „Gute Reise" mit den Buchstaben „U" und „W" wird gehisst. Die Gäste des Ausflugslokals können es miterleben und erfahren zugleich über Lautsprecher, um welches Schiff es sich genau handelt. Diese Aufgaben übernimmt ein Begrüßungskapitän. in einem kleinen Raum. Ihm helfen dabei rund 17.000 Karteikarten mit Schiffsdaten sowie Nationalhymnen und Begrüßungsworte in mehr als 150 Sprachen.

Mit der traditionellen Zeremonie werden täglich rund 40 salutfähige Schiffe begrüßt oder verabschiedet.

Wedel Marketing e. V.
Rathausplatz 3–5
22880 Wedel
Tel.: 04103 707707
www.wedel.de

www.schulauer-faehrhaus.de

Der ruhige Hafen von Glückstadt gefällt mit seinen bunten Fassaden

Auch der Marktplatz der „Matjes-Stadt" versprüht Geschichte

Polygonale Radialstadt mit Matjes-Kultur

Ob es am Namen liegt? Dieser Ort stimmt einen tatsächlich glücklich. Vielleicht ist es auch der Anblick der farbenfrohen Fassaden am Hafen, vielfältige Traufen- und Giebelhäuser aus dem 17. und 18. Jahrhundert, dann wieder ist ein alter Salzspeicher zu entdecken oder der Wiebeke-Kruse-Turm, den Christian IV. (1577–1648), König von Dänemark und Norwegen, für seine Mätresse errichtet haben soll. Sämtliche Gebäude sowie ein Stück des alten Festungsdeiches stehen unter Ensembleschutz, bilden ein in Norddeutschland wohl einmaliges Stadtdenkmal. Obendrein handelt es sich hier um die älteste polygonale Radialstadt im gesamten deutschen Sprachraum. Im Grundriss wurde der ursprüngliche Festungscharakter bewahrt, der Marktplatz mit dem gusseisernen Kandelaber (1869) im Mittelpunkt, davon ausgehend die zwölf Radialstraßen. Noch mehr erfährt man dazu im Detlefsen-Museum im Brockdorff-Palais.

Tourist-Information Glückstadt
Große Nübelstraße 31
25348 Glückstadt
www.glueckstadt-tourismus.de

Sämtliche Gebäude bilden in Glückstadt ein in Norddeutschland wohl einmaliges Stadtdenkmal.

Dies alles ahnen viele gar nicht, sondern kommen einfach nur, um in ein Fischbrötchen zu beißen. Glückstadt ist schließlich berühmt für seinen Matjes, der hier immer noch in Handarbeit hergestellt wird. Die Heringsloggerei hat hier bereits seit 1893 Tradition. Man feiert es jedes Jahr bei den Glückstädter Matjeswochen, eingeleitet von der traditionellen Matjesprobe: Am historischen Marktplatz wird ein Holzfass geöffnet und der erste Matjes der Saison zum Anbeißen hervorgeholt. Bei der anschließenden, viertägigen Veranstaltung gibt es eine Open-Ship-Meile, Livemusik, Flohmarkt und Kinderprogramm.

■ In Brunsbüttel schleusen die „dicken Pötte" in den Nord-Ostsee-Kanal

■ Schön ist auch die Sicht auf das Geschehen vom Yachthafen aus

Mächtige Tore, riesige Kammern

An sommerlichen Tagen füllt sich der kleine Yachthafen bis auf den letzten Meter, Freizeitkapitäne nutzen ihn zur Übernachtung vor einer großen Fahrt. Unmittelbar hinter ihren Segel- und Motorbooten schieben sich hohe Bordwände vorbei, mitunter im Minutentakt. Ozeanriesen verlassen die große Schleuse. Sie ist 330 Meter lang. Hier an der Elbmündung beginnt die Wasserstraße, die zwei Meere verbindet: Brunsbüttel markiert Kilometer 0 des Nord-Ostsee-Kanals, international als „Kiel Canal" bezeichnet. Etliche Containerschiffe und andere Giganten passieren ihn genauso wie die daneben winzig erscheinenden Sportboote, die hier nur bei Tageslicht fahren dürfen. Sie alle nutzen die meistbefahrene künstlich angelegte Seeschifffahrtstraße der Welt, folgen ihr für rund 98 Kilometer einmal quer durch Schleswig-Holstein bis in die Kieler Förde.

Schleusenmuseum „Atrium"
Gustav-Meyer-Platz 2
25541 Brunsbüttel
Tel.: 04852 8850
www.brunsbuet
tel.de

Hohe Bordwände schieben sich an den Sportbooten vorbei, die im Hafen an der großen Schleuse liegen.

Ein Schauspiel, das sich besonders schön an den jeweiligen Schleusen beobachten lässt, wenn sich ihre Tore öffnen, um Schiffe und Boote jeglicher Größen aufzunehmen. In Brunsbüttel geht es über Treppen und Wege mitten ins Schleusengelände mit Aussichtsplattformen. Schautafeln erläutern die Geschichte des Wasserbauwerks. Alle, die selbst schon immer mal Schleusenwärter spielen wollten, können es im Museum tun. An einem Modell lassen sich per Knopfdruck die Tore betätigen. Ausgestellt ist auch das Prunkgeschirr, mit dem Kaiser Wilhelm II. den Kanal 1895 einweihte. Er verfügte, dass alle NOK-Fähren kostenlos zu nutzen seien, weil der Kanal einige Ortschaften teilte. Daran hält man sich heute noch immer.

44 Bio pur im Nationalpark

Bio- & Nationalparkhotel „Helvetia"

Schmilka Nr. 11
01814 Bad
Schandau OT
Schmilka
Tel.: 035022 92230
www.hotelhelvetia.de

In Schmilka säumen duftende Kräutergärten die Elbe, eine Wiese mit Sonnenliegen direkt am Fluss verführt zum Innehalten. **Beides gehört zum Vier-Sterne-Hotel „Helvetia", Sachsens erstem zertifizierten Biohotel.** Es bietet 22 Gästezimmer mit schöner Aussicht. Eine ganze Etage ist elektrosmogreduziert, und im gesamten Haus fließt Granderwasser aus den Leitungen. Für die Hotelgäste gibt es eine Sauna und Gesundheitsangebote wie ein Wochenprogramm mit Tai Chi, Qi Gong, Wanderungen, Lesungen. Öffentlich zugänglich sind die hauseigene Praxis des Heilpraktikers und Ernährungsberaters Norbert Schützner und das Bio-Restaurant und Café Strandgut.

Entspannende Plätze am Flussufer gehören zum Bio-Hotel

Bücher tauschen statt Telefonieren

Bei einer Tour durch das malerische Krippen fällt ein Objekt ins Auge, das man nur noch selten in Ortschaften vorfindet: **Eine knallgelbe Telefonzelle steht dort am Wegrand. Noch mehr verwundert der Blick hinein**: Das Glashäuschen ist gefüllt mit Regalen voller Bücher. Die „Gelbe Bücherwechselstelle" ist eine Aktion der Einwohnerin Silvia Happe. Hier kann jeder Bücher hineinlegen oder kostenlos herausnehmen und ausleihen – ein Obolus ist willkommen. Familie Happen vermietet auch Ferienzimmer und Wohnungen am Bächelweg. Für ihre Gäste hat sie stets ein offenes Ohr, auch wenn es um Wünsche, Sorgen, Anregungen, Wandertipps geht.

Büchertelefonzelle
Rolf und Silvia Happe
Bächelweg 26
01814 Krippen
Tel.: 035028 80158
www.familiehappe.de

Die Telefonzelle in Krippen ist gefüllt mit Büchern

46 Per Aufzug auf die Ostrauer Scheibe

www.bad-schandau.de

Als ‚Ebenheit' bezeichnet man im Naturraum der Sächsischen Schweiz die flachen, oft landwirtschaftlich genutzten Hochflächen über dem Elbtal. **In Bad Schandau gibt es eine besonders schöne Möglichkeit auf eine hinaufzugelangen: Ein Personenaufzug führt hinauf** auf die Ostrauer Scheibe, eine Ebenheit um den Ortsteil Ostrau. Ein schöner Anblick ist der im Jugendstil gestaltete, 50 Meter hohe Stahlfachwerkturm obendrein. Oben verbindet ihn eine Brücke mit einem Waldweg. Von der Aussichtsplattform eröffnet sich ein weiter Blick – vom Großen Winterberg oberhalb von Schmilka bis zum Lilienstein, dem Wahrzeichen des Nationalparks Sächsische Schweiz.

■ Der Personenaufzug fügt sich in die dicht bewaldete Landschaft

Elbeblick mit Acht-Kanal-Raumton

Während in Rathen alles zur Fähre strömt, um möglichst schnell zur Bastei oder Felsenbühne zu kommen, übersehen manche diesen Platz, der dazu einlädt, mal „einen Gang runterzuschalten." **Auf der Terrasse mit herrlichem Elbe- und Bastei-Blick sind alle halbe Stunde Kompositionen einheimischer Künstler im Acht-Kanal-Raumton zu erleben.** In den Säulen rund um die Terrasse verstecken sich Lautsprecher. So können Zuhörer erleben, wie sich die Klänge zu einer Komposition zusammenfügen. Bei einem Wechsel des eigenen Standorts verändern sich Lautstärke und Mischungsverhältnisse. So fühlt man sich wie inmitten eines großen Orchesters.

Klangterrasse Rathen

An der Elbpromenade im OT Oberrathen

Hier kann man schönen Klängen lauschen und den Elbeblick genießen

Eisenbahnwelten in Rathen

**Eisenbahnwelten
Kurort Rathen**

Elbweg 10
01824 Kurort Rathen
Tel.: 035021 59428
www.eisenbahnwel
ten-rathen.de

Hier steht das Matterhorn im Elbsandsteingebirge. Der Schweizer Gipfel sowie die zugehörige Schmalspurbahn „Glacier Express" bereichern inzwischen die wohl weltweit größte Gartenbahnanlage im Kurort Rathen. Ansonsten geht es hier ausgesprochen sächsisch zu. **Die Lehmann-Groß-Bahn-Anlage (LGB) im Maßstab 1:22,5 nimmt 7.500 Quadratmeter ein und umfasst rund 4.200 Meter Gleise.** Sie zeigt Teile der Eisenbahnwelt der Oberelbe von Děčín bis Meißen, der „Semmeringbahn", dem „Lößnitzdackel", der „Kirnitzschtalbahn", der Strecke Pirna–Neustadt, Altenberg–Heidenau sowie der Schmalspurbahn im Zittauer Gebirge.

■ Nicht nur Modellbaufans begeistert die Anlage in Rathen

Das kleinste Café Pirnas

Eine Handvoll Tische auf dem Kopfsteinpflaster, eine weiß-blaue Markise und viele Blumen: **In der oberen Schmiedestraße hinter dem Marktplatz versteckt sich ein gastronomisches Kleinod.** Das „Café Bohemia" bestärkt das mediterrane Lebensgefühl, das sich in Pirna einstellt. Inhaberin Victoria Marie Stephan setzt ganz auf Bio und regionale Produkte. Da werden die hausgebackenen Kuchen auch mal mit selbstgesammelten Früchten von den nahen Streuobstwiesen belegt, Spezialitäten wie hausgemachte Holunderlimonade löschen Radlerdurst, feine Crêpes mit Bio-Eiern und vegane Köstlichkeiten stehen auch auf der Karte.

Café Bohemia
Schmiedestraße 12
01796 Pirna
www.cafebohemia.de

In dem winzigen Café ist trotzdem viel Platz für Gutes ■

Vom Leben jenseits der Mauer

DDR-Museum Pirna

Rottwerndorfer
Straße 45 m
01796 Pirna
Tel.: 03501 774842
www.ddr-museum-
pirna.de

Machte man als Jugendlicher in der DDR mal einen Streich oder trank zum Beispiel etwas zu viel „Kreuz des Südens", einen Aprikosenlikör, so war der Abschnittsbevollmächtigte (ABV) der Volkspolizei nicht weit. Über seine Arbeit informiert ein originales Dienstzimmer im DDR-Museum Pirna. Besucher erfahren außerdem noch einiges mehr über das Leben jenseits der Mauer. **Zum Beispiel können sie in einem rekonstruierten „Konsum" einmal sehen, was es so unter dem Ladentisch gab**, oder was man mit „harter Währung" im Intershop kaufen konnte. Was gern geschmuggelt wurde, zeigen etliche Fotos, zur Verfügung gestellt von ehemaligen DDR-Zollbeamten.

■ Hier darf natürlich auch ein „Trabbi" nicht fehlen

Erlebnisreise zum eigenen Körper

Eine frische Abwechslung zur barocken Kultur in Dresden versteckt sich etwas abseits am Lingnerplatz im Stadtteil Seevorstadt. Hier hatte der Produzent eines bekannten Mundwassers 1912 eine „Volksbildungsstätte für Gesundheitspflege" gegründet. **Daraus entwickelte sich das Deutsche Hygiene-Museum mit einer facettenreichen Ausstellung rund um den menschlichen Körper und seine Umwelt.** In den sieben Räumen der Dauerausstellung geht es um die Themen „Der gläserne Mensch", „Leben und Sterben", „Essen und Trinken", „Sexualität", „Erinnern–Denken–Lernen", „Bewegung" sowie „Schönheit, Haut und Haar".

Deutsches Hygiene-Museum Dresden

Lingnerplatz 1
01069 Dresden
www.dhmd.de

Im Hygiene-Museum ist auch viel über Anatomie zu erfahren ▪

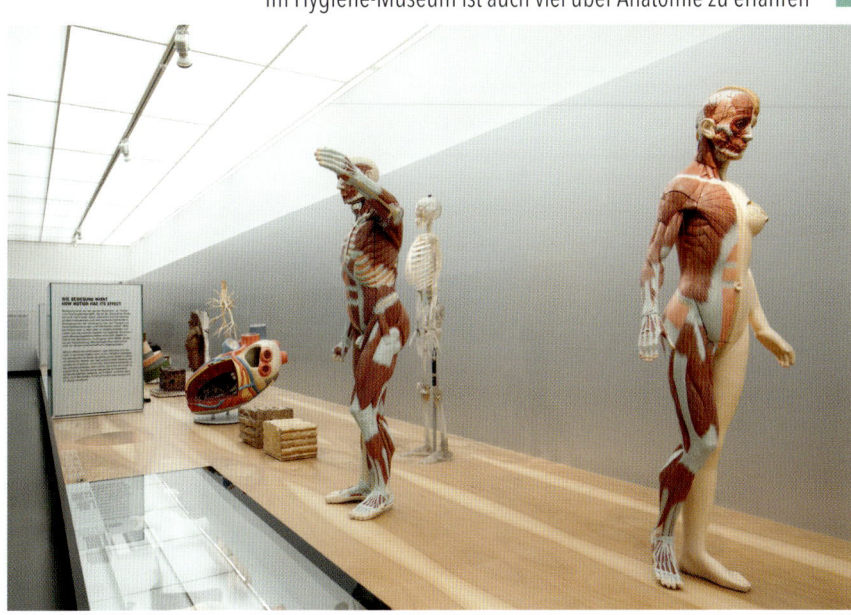

Heimat der Gesundheitsbeere

Coswig Tourist-Information

Karrasstraße 2
01640 Coswig
Tel.: 03523 66330
www.coswig.de

An der Elbe nahe Dresden liegt Coswig, die „Heimatstadt der Sächsischen Gesundheitsbeere", wie ein Schild verkündet. **Gemeint ist die Aronia-Beere, eine fast vergessene Obstsorte.** Sie stammt ursprünglich aus Nordamerika und wird hier nun in Plantagen angebaut. Kulturelles Zentrum der 22.000-Einwohner-Stadt ist die „Börse Coswig" mit der Villa „Teresa", zu der unter anderem ein Kammermusiksaal und eine Künstlergedenkstätte gehören. Auf dem Programm stehen unter anderem Konzerte, Theater und Lesungen. Im Ortsteil Kötitz verkehrt die Fähre zum anderen Elbufer.

■ Die Aronia-Beere gedeiht in Coswig prächtig

Windmühle mit Biergarten

„Bei Hochwasser sind wir nur schwimmend zu erreichen!",
scherzt der Betreiber auf der zugehörigen Homepage. Das
kommt relativ selten vor, meist kann man getrost das Fahrrad
nehmen, um den vielleicht schönsten Kaffee- und Biergarten
am Elbufer zu besuchen. **Er liegt in einem als Flächenna-
turdenkmal geschützten Gebiet und gehört zur ab 2006
komplett restaurierten Gohliser Windmühle** aus dem Jahr
1832. Diese kann auch besichtigt werden. In der urigen Müh-
lenstube genießt man in den Wintermonaten (November bis
März) Mühlenspezialitäten, heiße Getränke und hausgemach-
tes Gebäck.

**Gohliser Wind-
mühle**
Windmühlenweg 17
01156 Dresden-
Gohlis
Tel.: 0351 4546467
www.gohliser-wind
muehle.de

Hinter der Gohliser Windmühle versteckt sich ein schöner Biergarten

Erlebnisse mit Nudeln

Nudelmuseum

Merzdorfer Stra-
ße 21–25
01591 Riesa
Tel.: 03525 72030
www.teigwaren-rie
sa.de

Wie kommt eigentlich das Loch in die Makkaroni? **Dies und mehr um die beliebten Teigwaren erfährt man im ersten Deutschen Nudelmuseum.** Die Teigwaren Riesa GmbH hat eine Nudelerlebniswelt mit gläserner Produktion, Nudelrestaurant und Nudelkontor aufgestellt. Im Nudelladen sind 100 verschiedene Nudelsorten, regionalen Spezialitäten und handgefertigte Präsente aus der Werkstatt erhältlich. Wer bei alldem Lust auf Kochen bekommt, kann einen Kurs im hauseigenen Kochstudio belegen. In Riesa steht obendrein Europas größte Skulptur: Die „Elbquelle" von Jörg Immendorff besteht aus 234 Tonnen Gusseisen und ist 25 Meter hoch.

■ Eine Ausstellung rund um die beliebte Teigspezialität

Nachbar wild entfesselter Elemente

Es wurde 2012 zu „einem der schönsten Dörfer Sachsens" erkoren, wobei Schönheit hier eine spezielle Bedeutung hat: Hiermit werden Orte mit außergewöhnlichen, charakteristischen ländlichen Bau- und Siedlungsformen ausgezeichnet. **Und in Lorenzkirch ist das Besondere, dass es sich um ein Elbzeilendorf handelt.** Der Lorenzkircher Pastor Carl Paul beschrieb es anno 1901 so: Es ist das am tiefsten gelegene sächsische Elbdorf. Seine Häuser bilden eine lange Reihe, die in gleicher Richtung mit dem Strom verläuft. Die gefährliche Nachbarschaft des zeitweilig wild entfesselten Elements zwang die Bewohner, zum gegenseitigen Schutz in einer Linie zu bauen.

Lorenzkirch
01619 Zeithain
www.zeithain.eu

Lorenzkirch zeichnet eine besondere Siedlungsform aus ■

Museum „Mühlberg 1547"

**Museum
„Mühlberg 1547"**

Klosterstraße 9
04931 Mühlberg/
Elbe
Tel.: 035342 837000
www.muehlberg-el
be.de

In Mühlberg am rechten Elbufer geht ein Museum auf ein Stück europäische Geschichte ein, das ganz in der Nähe geschrieben wurde. Es begegneten sich hier anno 1547 die Truppen einer katholischen Allianz unter Kaiser Karl V. und der protestantische Schmalkaldische Bund, befehligt vom sächsischen Kurfürsten Johann Friedrich. **Das Ereignis wirkte sich maßgeblich auf den weiteren Verlauf der Reformation aus.** Zu der mittelalterlichen Stadt gehört außerdem ein ehemaliges Zisterzienser-Nonnenkloster samt Kirche, Äbtissinnenhaus, Refektorium, Torhaus und Propstei, das als geschlossene Anlage bewahrt werden konnte.

■ Traditionell und zugleich modern ist das Museum gestaltet

Fünfzehnmal Roland

In Belgern gefällt das historische Zentrum mit dem großen Marktplatz und dem Rathaus (1578) aus der Renaissance. Als Zeugnis der frühmittelalterlichen Stadtbefestigung ist das Oschatzer Tor erhalten geblieben. Dort grüßt das Wahrzeichen der Stadt: Der steinerne, fast sechs Meter große Roland steht hier seit 1610. Auf einem auch für Radwanderer geschaffenen Erlebnisrastplatz **sind außerdem die Nachbildungen von 14 Rolandstatuen anderer deutscher Städte zu sehen** – eine solche „Zusammenkunft" ist bislang bundesweit einmalig. Die Rolandfigur ist ein Symbol für eigenständige Städte mit Marktrecht, Handels- und Zollprivilegien.

Belgern Tourist-Informationen
Markt 10
04874 Belgern
Tel.: 034224 46536
www.belgern.de

Der größte Roland steht am Rathaus von Belgern ∎

Radfahrerkirche Weßnig

www.radfahrerkir
che.de

Im lauschigen Grün lädt am Ortseingang von Weßnig eine Radfahrerkirche zu besinnlichen Momenten. Wer hineingeht, darf
einen Stein in eine Kiste legen – so soll festgehalten werden,
wie viele Besucher dort waren. **Genau genommen ist es sogar Deutschlands erste Radfahrerkirche.** Ein Gotteshaus
gab es in Weßnig bereits im 10. Jahrhundert. Das jetzige Kirchengebäude wurde im Jahr 1804 eingeweiht, ab 1970 jedoch
zeitweilig nicht mehr als Gottesdienststätte genutzt. Seit 2003
dient sie als Radfahrerkirche, denn sie liegt direkt am Elberadweg.

Deutschlands erste Radfahrerkirche liegt unmittelbar am Elberadweg

Herberge „Alte Meisterey"

Wer durch das Tor geht, glaubt im Paradies zu landen: Ein far-
benfroher Blumengarten mit Sitzecken für die Pensionsgäste.
Es plätschert ein Brunnen, wer mag, macht den Grill an, und
im Eingang stehen Getränke bereit. **Die kleine Herberge
mitten in Mühlberg entpuppt sich als Volltreffer. Wollte
man wirklich nur für die Übernachtung bleiben?** Schon
manch einer blieb spontan länger. Bis in die mit warmen Far-
ben gestalteten Zimmer und das gemütliche Frühstück stimmt
hier einfach alles. Auch auf Nachhaltigkeit wurde geachtet: Das
Warmwasser kommt über Röhrenkollektoren, der Strom über
eine Photovoltaik-Anlage, und geheizt wird mit Holzpellets.

www.herberge-alte-meisterey.de

Nachhaltig, idyllisch und liebevoll geführt ist diese Herberge ▪

60 Wo Farbenfrohes flattert

Alaris Schmetterlingspark

Rothemarkstraße 131
06886 Lutherstadt Wittenberg
Tel.: 03491 666380
www.alaris-schmetterlingspark.de

Angesichts der geschichtsträchtigen Bebauung übersehen es manche: Rund um Lutherstadt Wittenberg gibt es viel Grün zum Durchatmen, einen Tierpark und vor allem den Alaris Schmetterlingspark, in dem Farbenfrohes herumflattert, wie man es sonst selten zu sehen bekommt. **In einer der natürlichen Umgebung nachempfundenen Tropenlandschaft fliegen Schmetterlinge aus aller Welt**, mehr als 140 verschiedene Arten in allen Größen können Besucher dabei beobachten. Die Region prägen auch die Naturparks Fläming und Dübener Heide, das Biosphärenreservat „Mittlere Elbe" und das Wörlitzer Gartenreich.

■ Etliche Schmetterlinge unterschiedlicher Größen sind zu beobachten

Wehrhafte weiße Seerosen

Früher zog sich bei Strehla eine Felsengruppe quer durch die Elbe. Zwei der Steine wurden zu Hindernissen für die Schifffahrt und mussten gesprengt werden. **Der dritte aber ist im Elbdeich erhalten geblieben und erinnert als „Nixstein" noch heute an die Sagen**, die sich um diese Felsen rankten. So soll die hier gedeihende Seerose, die Nixblume, eine verwandelte Seejungfrau sein. Tags lauerte die Nixe unter den Blättern der Pflanze den Menschen auf, die sich diese schöne Blume holen wollten. Sie ertranken oder wurden solange festgehalten, bis sie erstickten. Man warnte besonders die Kinder: Diese schöne Blume ist nur mit größter Vorsicht zu holen.

Gasthaus am Nixstein

Am Nixstein 2
01616 Strehla
Tel.: 035264 986925
www.gasthaus-nix
stein.de

Der Nixstein im Elbdeich berichtet von schauerlichen Sagen ▪

62 Auf den Spuren der Elbebiber

Umweltzentrum Ronney

Ronney Nr. 3
39264 Zerbst/Anhalt
OT Walternienburg
Tel.: 039247 413
www.umweltzent
rum-ronney.de

Kurz vor der Fährstation in Barby befindet sich eine bemerkenswerte Einrichtung direkt an der Elbe: Im Umweltzentrum Ronney **erfahren Besucher unter anderem vieles über die Biber, die im Biosphärenreservat „Mittelelbe" zu Hause sind**. Bis zu 25 Kilogramm schwere und über einen Meter lange Tiere wurden in der Region schon beobachten. Eine Familie lebt in der Nähe von Ronney dicht am Elberadweg. Wer am Flussufer die Augen aufhält, kann mit Glück einen Bau, die Pfade und Fraßspuren entdecken. Das Umweltzentrum bietet auch geführte Wanderungen zu Bibern in freier Natur an.

■ Das Umweltzentrum Ronney informiert über das Biosphärenreservat

14 Wehrtürme und drei Stadttore

Inmitten der Idylle des Biosphärenreservats „Mittelelbe" bettet sich die alte Schifferstadt Aken. **Es imponiert die mittelalter-liche Festungsanlage samt Stadtmauer, 14 Wehrtürmen und drei Stadttoren.** Eine Straßenbrücke führt zum rechten Ufer. Hier lohnt sich ein Abstecher nach Zerbst, der Heimatstadt von Katharina II. der Großen, Zarin von Russland. Im Ortsteil Walternienburg erhebt sich eine schön restaurierte Wasserburg in den Elbauen. Sie gehört heute zum Gemeindeamt und ist daher nur von außen zu besichtigen, doch auch ein Blick in den Hof ist möglich.

www.aken.de

Die Schifferstadt Aken an der Elbe entführt ins Mittelalter ■

64 Elbskulpturen in Tangermünde

www.tangermuen
de.de

Unten an der Elbpromenade des mittelalterlichen Tangermünde ist Kunstvolles aus der Neuzeit zu finden. **Acht Skulpturen wurden hier an verschiedenen Stellen aufgestellt. Regionale Künstler schufen sie 1998** im Rahmen des VI. Internationalen Steinbildhauersymposiums in Sachsen-Anhalt. Sie verleihen dem Fluss eine besondere Note und sind schöne Fotomotive, auch wenn inzwischen der Zahn der Zeit an ihnen nagt. Die Skulpturen stehen beiderseits der Promenade, die erste auf der Höhe des Schlosses, sieben weitere befindet sich nördlich davon.

An der Elbpromenade von Tangermünde ist Kunst zu erleben

Die Taufe des Reichskanzlers

Sichtbare Zeugnisse der Geschichte werden in Schönhausen anschaulich: **Erhaltene und aufwendig restaurierte Teile des Geburtshauses von Otto von Bismarck** in einer barocken Parkanlage. Die romanische Kirche, in der der spätere Reichskanzler getauft wurde, sowie ein weiteres erhaltenes Gutshaus der adeligen Familie. Bismarcks Geburtshaus wurde 1958 gesprengt. Im noch vorhandenen Schlossflügel befindet sich heute das Bismarck-Museum. In der Kirche wurde das originale Taufbecken bewahrt. Falls sie geschlossen ist, kann man an der Tür gegenüber dem Kircheneingang fragen und um Einlass bitten.

www.bismarck-stif
tung.de

Das Bismarck-Museum in Schönhausen macht Geschichte lebendig ▪

Nahezu schwebend in Arneburg

**Tourismusbüro
Arneburg**
Breite Straße 15
39596 Arneburg
Tel.: 039321 51817

Das Städtchen Arneburg liegt auf einer Anhöhe, die aus östlicher Richtung nur gemächlich zunimmt, in Richtung Elbe aber steil abfällt. Entsprechend weite Blicke über das Elbtal eröffnen sich dort. **Besonders spektakulär ist die Panorama-Plattform bei der Terrasse der Burggaststätte – über eine hohe Brücke verbunden** und halb „in der Luft schwebend". Auch der Ort selbst mit seinen vielen historischen Fachwerkhäusern ist einen Rundgang wert. Zu den bedeutendsten erhaltenen Bauwerken zählt außerdem die St.-Georgs-Kirche (ab 1120), ein einschiffiger Feldsteinbau mit kreuzförmigen Grundriss aus der Romanik. Sie gilt als die älteste Kirche der Altmark.

■ Vor der Panorama-Plattform liegt die Elbe zu Füßen

Uhrturm und Konsorten

Wittenberge besitzt eine regelrechte Skyline. Ein Highlight ist die alte Singer-Nähmaschinenfabrik, die gegen kleines Geld besichtigt werden kann. Im Fabrikturm ist eine Ausstellung zur Geschichte der bekannten Nähmaschinen untergebracht. Von oben bietet sich ein schöner Rundblick: Den Singer-Uhrenturm ziert die zweitgrößte Turmuhr Europas. **Die vielen Türme sind ein Aushängeschild Wittenberges, verleihen der Stadt ihr eigenes Panorama.** Zum Ensemble gehören auch der zinnengekrönte Steintorturm, der Rathausturm mit seiner helmförmigen Kuppel, der „Bleistiftturm" der evangelischen Kirche, die 2012 sanierte katholische Kirche und der Wasserturm.

Touristinformation Wittenberge
Paul-Lincke-Platz 1
19322 Wittenberge
Tel.: 03877 929181
und -82
www.wittenberge.de

Städtchen mit eindrucksvoller Skyline: Wittenberge

68

Abtauchen oder raufklettern

**Tauchturm
Wittenberge**
www.tauchturm-wit
tenberge.de

**Ölmühle
Wittenberge**
www.oelmuehle-wit
tenberge.de

In die denkmalgeschützten Gebäude der ehemaligen Ölfabrik in Wittenberge zog spannendes Leben ein. Hier kann man
wahlweise im Stahltank aus dem Jahr 1838 bis zu zehn Meter
tief abtauchen oder „indoor" die Wände der früheren Öltanks
erklimmen. **Es ist Deutschlands einzige Kombianlage im
Zwillingsturm mit Klettern und Tauchen.** Ein Brauhaus mit
Restaurant samt Festsaal ist nun in den einstigen Saatenspei-
chern zu finden. Der Saugturm an der Hafenkante dient in der
Sommersaison als Strandbar und Café mit Beachvolleyballan-
lage. In der ehemaligen Fabrikantenvilla und einem weiteren
Speichergebäude ist ein Vier-Sterne-Hotel entstanden.

■ Die ehemalige Ölfabrik bietet nun reichlich Raum für Abenteuer

Überregionales Regionalmuseum

In den oberen Räumen der Klosteranlage von Havelberg ist das Prignitz-Museum untergebracht. Eine Ausstellung im Kornspeicher, Bischofssaal und Schlafsaal bringt die Geschichte des Havelberger Doms, der Stadt und ihrer Region näher. **Benannt wurde es nach der brandenburgischen Landschaft Prignitz. Bedeutende Sammlungsbestände stammen aus dieser Region.** Weitere Museumsstücke wurden aus dem Elb-Havel-Winkel im heutigen Sachsen-Anhalt zusammengetragen. Auf dem Programm stehen außerdem Konzerte, Lesungen, Sonderausstellungen zu historischen Themen und zeitgenössischer Kunst sowie Themenführungen und Aktionen für Kinder.

Prignitz-Museum am Dom Havelberg
Domplatz 3
39539 Havelberg
Tel.: 039387 21422
www.prignitz-muse um.de

Das Prignitz-Museum im Kloster von Havelberg ∎

Eine legendäre Übergabe

Hansestadt Havelberg

Markt 1
39539 Hansestadt
Havelberg
Tel.: 039387 7650
www.havelberg.de

Westlich des Doms von Havelberg steht der Burggrafenstein. Das Denkmal wurde am 17. Dezember 1912 im Beisein von Eitel-Friedrich von Preußen eingeweiht. Außerdem sind auf dem Gelände zwei Statuen zu entdecken. Eine große Schautafel informiert über „Havelberg und das Bernsteinzimmer" – die Legende machte das Städtchen bekannt. **Die beiden Statuen stehen symbolisch für die Übergabe des heute verschollenen „Bernsteinzimmers"** durch den preußischen König Friedrich Wilhelm I. an den russischen Zar Peter I. in Havelberg. Im Jahre 1716 besuchte der Zar tatsächlich die Stadt, um die „Konvention von Havelberg" zu unterzeichnen.

■ Die Statuen versinnbildlichen einen besonderen historischen Moment

Schiffsverkehr und Vogelzug von oben

Nahe Dömitz mit seiner Burganlage (vgl. Nummer 28) ist schon von weitem vom Elbufer aus ein Hotel am Dömitzer Hafen zu sehen. **Dort geht es mit dem Lift bis in den sechsten Stock, wo sich bei Kaffee und Kuchen ein grandioser Rundblick eröffnet.** Und ein Überblick – das 3.000-Einwohner-Städtchen liegt an der Mündung der Müritz-Elde-Wasserstraße in die Elbe. Außerdem befindet es sich im Dreiländereck von Niedersachsen, Mecklenburg-Vorpommern und Brandenburg. Bei dem einmaligen Ausblick über die Elbtalaue vom Panorama-Café in 40 Metern Höhe lassen sich auch der Schiffsverkehr und der Vogelzug auf der Elbe schön beobachten.

Panorama-Café Dömitz

Dömitzer Hafen-Hotel
Hafenplatz 3
19303 Dömitz
Tel.: 038758 364290
www.doemitz.travdo-hotels.de/de/

Einen tollen Blick hat man auch von diesem Aussichtsturm bei Dömitz

Dunkle Zeiten im Grenzbereich

Grenzland-Museum Schnackenburg e. V.

Am Markt 4
29493 Schnacken-
burg
Tel.: 05840 210
www.grenzland-mu
seum-schnacken
burg.de

Das Dorf Stresow musste dunkle Zeiten erleben. Weil es im Schutzstreifen des Grenzgebietes der DDR lag, wurden sämtliche Häuser im Zuge der von 1972 bis 1974 durchgeführten Aktion „Ungeziefer" abgerissen. Die zuvor zwangsausgesiedelten Bewohner hatten quasi über Nacht ihr Zuhause verloren. Vier Familien konnten gerade noch fliehen. **Die Auswirkungen der Lage an der deutsch-deutschen Grenze bekam Schnackenburg, die kleinste Stadt Niedersachsens, besonders zu spüren.** Heute informiert dort das Grenzlandmuseum über die Hintergründe. Die Gedenk- und Begegnungsstätte Stresow gehört zum Grenzlandmuseum Schnackenburg.

■ Das Grenzland-Museum Schnackenburg in Stresow

Lebensräume statt Truppenmarsch

Ein zehn Kilometer langer Grenz- und Naturlehrpfad führt von Schnackenburg bis Gartow und verbindet die Ortschaften auch mit der Gedenk- und Begegnungsstätte Stresow. **Er folgt dabei teilweise dem einstigen Kolonnenweg der DDR-Grenztruppen** an den Grenzüberwachungs- und Sicherungsanlagen der ehemaligen DDR. Zu sehen sind noch der Minengürtel, ein Grenzwachturm und die damalige Grenzübergangsstelle Kapern-Bömenzien. Schautafeln berichten außerdem über die Lebensräume der Tier- und Pflanzenwelt, die sich hier in einer seltenen Fülle entwickeln konnte: Für die 40 Jahre DDR-Zeit war sie in diesem Bereich sich selbst überlassen.

www.erlebnisgrue nesband.de

Vielfältige Ein- und Ausblicke bieten sich auf der Route ◾

Elbtalauen als interaktives Erlebnis

Burg Lenzen
Burgstraße 3
19309 Lenzen
Tel.: 038792 1221

Mitten im Biosphärenreservat „Flusslandschaft Elbe-Brandenburg" erhebt sich Burg Lenzen über die Elbtalaue. Sie beherbergt ein Besucherzentrum mit Dauerausstellungen und wechselnden Sonderausstellungen, die Einblicke in die Natur- und Kulturgeschichte der Elbtalauen ermöglichen. Hinter der Burg gelangt man ins „AuenReich". Dort erstreckt sich **auf einem circa 400 Meter langem Rundweg das deutschlandweit erste interaktive Auenerlebnisgelände**. An sechs Stationen werden die Aktivitäten einer Flussaue und ihre Biodiversität präsentiert. Interaktive Exponate sowie Sinnes- und Erlebnisstationen laden zum Relaxen, Staunen und Mitmachen ein.

■ Die Ausstellung im Burgturm fügt sich ins mittelalterliche Ambiente

Idylle mit Widerstandssymbolen

Zur Samtgemeinde Gartow gehört auch die Gemeinde Gorle- www.gorleben.de
ben im Landkreis Lüchow-Dannenberg. Sie ist vor allem durch
ihr Atommülllager und die auch die Castortransporte begleiten-
den Proteste bekannt. So sieht man in der Region häufig das
gelbe „X" als allgegenwärtiges Widerstandssymbol. Gorleben
selbst liegt landschaftlich reizvoll direkt am Elbufer. In östlicher, nördlicher und nordwestlicher Richtung dehnt sich die
geschützte Natur des Biosphärenreservats „Niedersächsische
Elbtalaue" aus. **Mit viel Engagement werden hier seltene
Tierarten wieder angesiedelt und neue Lebensräume ge-
schaffen.**

Gorleben liegt am Biosphärenreservat „Niedersächsische Elbtalaue" ∎

Im größten Privatwald Deutschlands

**Tourist-Information
Gartow**
www.gartow.de

Im Süden Gorlebens erstreckt sich der Kiefernwald „Gartower Tannen". **Es handelt sich dabei um den größten zusammenhängenden Privatwald in Deutschland, er gehört Graf Bernstorff zu Gartow.** Es liegt auf Sandablagerungen im Urstromtal der Elbe auf einer Höhe von durchschnittlich 20 bis 25 Meter über Normalnull. Das Gelände ist dicht von Nadelwald bestanden. Besonders sind die Altbestände an Weißmoos-Kiefernwald und die typischen Vergesellschaftungen mit Beerenpflanzen und Sauergräsern, die artenreichen Wildbeständen Unterschlupf und Nahrung bieten. In den Gartower Tannen wird inzwischen auch die Rückkehr der Wölfe erwartet.

■ Der Kiefernwald „Gartower Tannen" gehört einem Grafen

Wasser erleben in Gartow

Die kleine Ortschaft (Flecken) Gartow liegt am westlichen Ufer der Seege, einem Elbzufluss, der sich nördlich von Gartow zu einem künstlich aufgestauten See ausweitet. Hier gibt es einen kleinen Strand mit Badebereich. **Um den See führt ein 2,6 Kilometer langer Biberlehrpfad. Acht Tafeln informieren dabei über das Leben des Bibers.** Erfrischend ist auch ein Besuch im Wassererlebnispark Gartow direkt beim Campingplatz – besonders schön, wenn Kinder mit dabei sind. Zum Aufwärmen bei kühlem Wetter lädt die Wendlandtherme ein. Das Städtchen liegt außerdem an der Deutschen Storchenstraße.

Wassererlebnispark Gartow
Springstraße 14
29471 Gartow
Tel.: 05846 333
www.gartow-erleben.de

Besonders schön für Kinder ist der Wassererlebnispark in Gartow ■

Paddel statt Pedale

www.kanustation-
gartow.de

Die Entscheidung fällt schon schwer: Soll man nun am herr-
lichen Elbufer entlang radeln oder dem Fluss lieber auf dem
Wasser folgen? Rund um Gartow braucht keiner sie zu fällen.
Es geht einfach per Pedale hin und paddelnd zurück. Möglich
macht es die ansässige Kanustation. **Das Team nimmt die
Fahrräder am Elbufer entgegen, dafür gibt es ein aus-
gerüstetes Boot für eine beliebige Strecke.** Am Ende wird
dann wieder getauscht. Gartow selbst mit seinem Badesee sollte man auch beachten (siehe Nummer 77).

■ Nun könnte man hier auch auf ein Fahrrad umsteigen

Sesshaft gewordene Riesendüne

Wer sich in den Dömitzer Ortsteil Klein Schmölen begibt, er-späht eine bis zu 30 Meter hohe Binnendüne. **Das landschaft-liche Highlight gehört zum Biosphärenreservat „Fluss-landschaft Elbe-Mecklenburg-Vorpommern"** und ist auf einem Rundwanderweg zu erkunden. Die Düne ist auch selbst gern mal gewandert, bis überwachsende Vegetation sie davon überzeugte, an diesem Platz zu bleiben. Sie ist heute rund zwei Kilometer lang und 600 Meter breit. Ihr höchster Punkt, 42 Meter über Normalnull, eröffnet grandiose Aussichten auf die Löcknitzniederung, die Weiten der Lenzener Wische und das niedersächsische Wendland am anderen Elbufer.

www.doemitz.de

Ein Rundwanderweg führt durch das eindrucksvolle Dünengelände ▪

80 Per Pedalkraft zum Drehpunkt

www.ig-draisine-elb
talaue.de

Wer einmal auf ganz andere Weise in die Pedale treten möchte, sollte sich die Fahrraddraisine in Alt Garge nicht entgehen lassen, einem Ortsteil von Bleckede: **Auf insgesamt 17 Gleiskilometern einer ehemaligen Bahnstrecke geht es damit durch die Elbauen**, auch kürzere Strecken sind möglich. Startpunkt ist der Draisinenbahnhof in Alt Garge, von dort geht es zunächst nach Bleckede. Nachdem die Draisine per Drehscheibe gewendet wurde, geht es zurück nach Alt Garge und dann durch den Ort weiter bis zur zweiten Drehvorrichtung am Elbstrand. Nach abermaliger Wendung beginnt die Rückfahrt zum Draisinenbahnhof.

■ Mit der Fahrraddraisine geht es durch die Landschaft der Elbauen

Vielfalt keramischer Wandverkleidungen

An manchen Feuerwehrwachen ist ein gemaltes Bild des Heiligen Florian zu sehen, den man einst als Schutzpatron gegen Feuer und Dürre anrief. In Boizenburg zeigt das Gebäude der freiwilligen Brandschützer ihn als kunstvolles Fliesenwandbild, genaugenommen: eine Glasurmalerei auf Steinzeugfliesen des Baukeramikers Lothar Scholz. **Auch anderenorts sind die schmucken Wandverkleidungen in dem Städtchen an der Elbe besonders präsent.** Im historischen Zentrum widmet sich ihnen sogar ein wohl einmaliges Museum. Ausgestellt sind vor allem Fliesen aus den Epochen Historismus, Jugendstil und Art déco.

Erstes Deutsches Fliesenmuseum Boizenburg e. V.

www.jugendstilfliesen-museum.de
www.boizenburg.de

Die Ausstellung zeigt Fliesen aus verschiedenen Epochen ▪

Der Boizenburger Weidenschneck

www.boizenburg.de

Im Hafenbereich von Boizenburg ist ein besonderes Kunstwerk zu entdecken – und obendrein eine besonders schöne Möglichkeit, zu Fuß ins Zentrum zu gelangen: Das Baumwerk „Boizenburger Weidenschneck". **Ein aus Weiden gewachsener, natürlicher Gang verbindet es mit der Altstadt. Die 450 Meter lange Strecke setzt sich aus 160 einzelnen Weidenelementen** in 15 verschiedenen Formen zusammen – jede symbolisiert ein Musikinstrument. So ist der Weidenschneck auch eine Naturbühne, die oft für Veranstaltungen genutzt wird. Das Zentrum Boizenburgs ist von einer Wallanlage umgeben, die im 12. Jahrhundert angelegt wurde.

■ Das gewachsene Kunstwerk ist zugleich ein Zugang in die Altstadt

Kreisrunde Kanalregulierung

Die große Elbschleuse im nahen Geesthacht (siehe Nummer 32) zieht so die Blicke auf sich, dass man das Kleinod am östlichen Ortsrand von Lauenburg glatt übersehen könnte. **Dabei ist hier, wo die Stecknitz in den Elbe-Lübeck-Kanal mündet, doch eine der letzten noch erhaltenen, ersten Kammerschleusen Europas zu entdecken.** Im Mittelalter war die Elbe über den Stecknitz-Delvenau-Kanal mit Lübeck verbunden und die kreisrunde Palmschleuse ein Teil des Systems. Sie wurde 1724 vollständig erneuert. Für den Bau des weltweit ersten Wasserscheide-Kanals mussten zehn Kilometer Höhenrücken überwunden werden, wozu etliche Schleusen beitrugen.

www.herzogtum-lauenburg.de

Diese Schleuse schleust zwar nicht mehr, ist aber schön anzusehen ▪

Historisch filtriertes Elbwasser

**Wasserkunst
Elbinsel Kaltehofe**

www.wasserkunst-
hamburg.de

Auf einer Insel zwischen Norderelbe und Billwerder Bucht stehen ungewöhnliche Backsteingebäude. Es sind Schieberhäuschen aus wilhelminischer Zeit, und sie dienten dazu, mithilfe eines Schiebers den Zu- und Abfluss des Elbwassers zu regulieren. **Sie stehen an den historischen Wasserbecken einer ehemaligen Wasser-Filtrationsanlage,** die der Hamburger Senat auf Kaltehofe zu Zeiten der Cholera-Epidemie 1892 errichten ließ. Heute sind sie ein Industriedenkmal und Museum, wie man es sonst wohl nirgendwo findet. Unter anderem bietet sich auch die Gelegenheit, durch zwei Jahrhunderte Geschichte der Hamburger Brunnen und Wasserspiele zu spazieren.

■ Die Anlage der Elbinsel mit den wilhelminischen Schieberhäuschen

Tanz auf der Frau Hedi

Offiziell heißt es „Frau Hedis Tanzkaffee", aber das verrät nicht, was das Besondere daran ist. **Es ist ein schwimmender Club auf der Elbe, ein immer funkelnder Stern im Hamburger Nachtleben.** Mit Bar, DJs oder Bands lädt die Hafenbarkasse stündlich dazu ein, mit in See zu stechen. Tanzen und dabei das Panorama des Hamburger Hafens genießen, besser geht's nicht. Inzwischen gibt es auch mal Open-air-Kino auf der „Hedi", und sie hat einige Schwestern bekommen: Frau Claudia, Laura, Irma, Heike und Ursula. Viele musikalische Liebeserklärungen an die Hafenstadt und St. Pauli bei Nacht.

Frau Hedis Tanzkaffee

Landungsbrücken 10
20359 Hamburg
www.frauhedi.de

Tanzend und winkend geht es auch an so manchem Ozeanriesen vorbei ■

Fischbrötchen bei Nuggi und Nani

Nuggis Elbkate

Museumshafen
Övelgönne
Neumühlen 1
22763 Hamburg

Er heißt eigentlich Dieter Nuggmeyer, aber so nennt ihn keiner. Man kennt ihn als „Nuggi", oder auch als „König der Dominikanischen Republik", und seine Königin heißt „Nani" Lucia Hiraldo. Er traf sie auf den Großen Antillen und nahm sie als Braut mit in den Nieselregen. **Dort sorgt sie in der urgemütlichsten Fischbude am Museumshafen Övelgönne für dick belegte, knackfrische Fischbrötchen, warme Würstchen und Erbsensuppe.** Nach Jahren als Schiffladungskontrolleur und Leichtmatrose, vielen Frauen in vielen Häfen fand Nuggi hier eine neue Berufung. Zuvor hatte er einen Imbiss auf Rügen besessen. Der wurde ihm über Nacht geklaut.

■ In der von außen unscheinbaren Bude gibt es köstliche Fischbrötchen

Schwimmend Schiffen hinterherwinken

In Hamburg fährt man natürlich mit dem Schiff zum Freibad, und im Becken kraulend, schaut man den Schiffen auf der Elbe zu. Beides geht in Finkenwerder. Es gibt dort ein Außenbecken mit einer kleinen Rutsche und einem kleinen Sprungturm – nichts Besonderes, zunächst. **Doch vor Becken und Liegewiesen ziehen Containerriesen und Kreuzfahrtschiffe vorbei, ganz großes Kino.** Das Freibad Finkenwerder liegt auf einer von Bäumen gesäumten Landzunge, 20.000 Quadratmeter Liegefläche, der Außenpool hat immerhin eine Länge von 50 Metern, außerdem ist ein halb so großer Innenpool vorhanden. Hierher kommt man mit der Hafenfähre ab Teufelsbrück.

**Freibad
Finkenwerder**

Finksweg 82
Tel.: 040 188890
www.baederland.de

Abseits des Freibads bietet die Landzunge auch solche Perspektiven

88 Museales am Elbdeich

www.museumsha
fen-borstel.de

Zu Jork, mit rund 12.000 Einwohnern das touristische Zentrum im Alten Land, gehört der kleine Museumshafen Borstel. Man kommt direkt am Wasser auf dem Weg nach Grünendeich daran vorbei. Hier waren noch im späten 18. Jahrhundert laut Steuerregister 59 Schiffe mit Liegerecht gemeldet. **Geblieben ist die ehrwürdige Tjalk „Annemarie", auf der von 1925 bis 1938 das Obst von der Lühe auf die Märkte an der Elbe transportiert wurde** – vor allem in Hamburg und damals noch unter dem Namen „Frieda". Am Elbdeich in Jork-Borstel verleitet die Windmühle „Aurora" zum Fotografieren. Die Galerieholländerin ersetzt seit 1856 eine vormalige Bockmühle.

■ Im historischem Hafen Borstel lagen einst etliche Schiffe

Einmal Kapitän in Grünendeich sein

Auf die Elbe schauen, wo die großen Pötte vorbeiziehen und dabei selbst mal das „Ruder hart backbord" legen oder am Kartenbrett den Kurs nachrechnen – das können Gäste in Grünendeich zwischen Jork und Stade. **Fachkundige Anleitung geben dabei echte Kapitäne, die selbst Ozeanriesen steuerten.** Sie führen im „Haus der Maritimen Landschaft Unterelbe" über eine Kapitänsbrücke, ausgestattet mit verschiedenen nautischen Geräten, wie sie an Bord von kleinen und großen Schiffen zu finden waren oder in der ehemaligen Seefahrtschule eingesetzt wurden. Zum Haus gehören auch die Dauerausstellung „Meer erleben an der Elbe" und ein Planetarium.

Haus der Maritimen Landschaft Unterelbe

www.maritime-elbe.de

Nautik erleben im Haus der Maritimen Landschaft Unterelbe

90 Maritimes im erloschenen Leuchtturm

Leuchtturmmuseum Twielenfleth

Tel.: 04141 76814
www.tourismus-altes
land.de

Bei den großen Obstplantagen mischt sich die Ahnung einer Meeresbrise in die Landluft. Leuchttürme verstärken die maritimen Gefühle. Ein schwarz-weiß geringelter steht am Deich in Hollern-Twielenfleth. **Doch dahinter versteckt sich sein kleiner, weißer Vorgänger, der über 100 Jahre lang den Schiffen den Weg wies.** Sein Feuer erlosch im Oktober 1984. Im Inneren aber ist er noch lebendig: Eine Ausstellung zeigt, wie sich die Schifffahrt im Laufe der Jahrzehnte veränderte, außerdem Seekarten, Fotos und Gegenstände aus vergangenen Seefahrtzeiten. Von der Aussichtsplattform bietet sich ein schöner Blick über die Elbe.

■ Der kleine weiße Leuchtturm beherbergt eine Ausstellung

Süßwasserwatten mit Prielen

Von Schafen begleitet, geht es nordwestlich von Wedel auf Deichen an der Elbe entlang. Bald verästelt sich der Fluss in Seitenarmen, die saftiges Maschenland durchziehen. **Hier**, im Naturschutzgebiet Haseldorfer, **konnte ein ursprüngliche Lebensraum mit großflächigen Süßwasserwatten, Prielen, Inseln und feuchten Uferzonen erhalten werden.** In Haseldorf informiert das Elbmarschenhaus über die Unterelbe und die Umgebung. Drinnen gibt es eine multimediale Ausstellung, im weitläufigen Außenbereich können Besucher unter anderem durch einen Weidentunnel schlüpfen und erfahren noch mehr über durch Uferzonen und andere Besonderheiten.

www.elbmarschen haus.de

Das Außengelände zeigt auch ein friesisches Sportgerät, den Klotstock ■

Alte Elbfestung mit neuer Kleinbahn

www.grauerort.com

Am nördlichen Rand von Stade, wo man weit und breit nur noch Deich und Dörfchen zu sehen glaubt, kann es passieren, dass einen plötzlich der „Ziegelblitz" trifft. Winzige Waggons rattern über schmale Gleise an einer Mauer entlang. Sie gehört zur Festung Grauerort im Ortsteil Abbenfleth, mit der neuen Kleinbahn können Besucher über das Gelände rattern. **Die Festung wurde ab 1869 durch die Preußen errichtet, zum Schutz vor feindlichen Schiffen auf der Elbe.** Als vorteilhaft erwies sich ihre Lage in der hohen Altmarsch mit kurzem Weg in den schützenden Hamburger Hafen. Heute ist sie ein Museum und Schauplatz von Kulturveranstaltungen.

■ Die Festung Grauerort erwacht wieder zum Leben

Häuser auf Wurten und Sandstrand

Auf Karten wirkt es so, als gehöre sie zum Festland, doch etliche Gräben und Priele trennen sie davon. Vielmehr ist die große Elbinsel Krautsand nur über zwei Brücken zu erreichen. Ihre ab 1620 errichteten Häuser stehen auf Erdhügeln, ähnlich wie bei den Warften der Nordseehalligen – nur heißen sie hier in Niedersachsen „Wurten". Sie schützten die Bewohner vor Sturmfluten, bevor Krautsand 1976 ihren Deich erhielt. **Ein Sandstrand mit angrenzenden Wattflächen säumt die Elbinsel auf einer Länge von mehr als sieben Kilometern.** Klar, dass sie heute ein beliebtes Ausflugsziel mit Ferienwohnungen und Campingplatz ist.

www.elbinsel-kraut
sand.de

www.krautsand.org

Strandurlaubsgefühle kommen auf Krautsand umgehend auf ■

Vielfältige Elblandschaften

**Kehdinger
Küstenschifffahrts-
Museum**

www.kuestenschiff
fahrtsmuseum.de

Nördlich von Wischhafen geht es durch das Kehdinger Land, eine vielfältige Landschaft, die sich zwischen der Elbe und der bei Otterndorf einmündenden Oste erstreckt, mit einem Hochmoor, Apfelbäumen und – nach Freiburg an der Elbe – den Elbmarschen Nordkehdingens, Rastplatz für Hunderttausende Zugvögel und seltener Wiesenbrüter. **Hier verläuft auch der Elberadweg mitten durch die Marschen, begleitet vom Naturschutzgebiet Außendeich Nordkehlingen**, bis der kleine weiße Leuchtturm von Balje ins Blickfeld rückt. Es lohnt sich ein Besuch im Kehdinger Küstenschifffahrts-Museum, das auch über die Flussfischerei informiert

▪ Idyllisch und historisch bedeutsam: Das Kehdinger Land

Naturverständnis an der Elbmündung

95

Watten, Grünland und Deiche prägen das Urstromland der Elbe. **Auf einer Halbinsel zwischen Oste und einem Altarm können Interessierte noch mehr darüber erfahren.** Nahe dem Sperrwerk befindet sich das „Natureum Niederelbe", eine Informationswelt zur Natur an der Küste speziell an der Elbbmündung. Zum Gelände gehören ein Küstenmuseum, den Elbe-Küstenpark, der „KüstenZoo" und eine Vogelbeobachtungsstation. Wie eine Sturmflut zustandekommt, ist in einer Wetterstation zu erleben. Seit 2014 werden am Eingang mit der „KüstenWelle" alle vom Skelett des 1997 vor Cuxhaven gestrandeten Pottwals begrüßt.

Natureum Niederelbe

www.natureum-nie derelbe.de

Die Ausstellung informiert auch über Natur an der Elbmündung ■

Die grüne Stadt am Meer

www.otterndorf.de

So nennt sich Otterndorf an der Elbemündung im Landkreis Cuxhaven. Vielleicht ist es eine Anspielung auf die „graue Stadt am Meer", so literarisch beschrieben von Theodor Storm. Grün und idyllisch ist Otterndorf in jedem Fall, **denn circa 2,5 Kilometer vom Stadtzentrum entfernt lädt das ländliche, ruhig gelegene Nordseebad Otterndorf zu einer Auszeit ein**. Hier gibt es einen gut ausgestatteten Seglerhafen und im Hinterland drei Badeseen. An der Elbe bietet der breite und großzügige Grünstrand mit DLRG-Überwachung, Fußball- und Volleyballfeld, Strandkabinenvermietung und zahlreichen Imbissbuden am Deich alles, was zu einem Strandtag gehört.

Viel Grün umgibt Otterndorf tatsächlich, aber auch viel Wasser

Die „Dicke Berta"

Er – oder sie – war der letzte Leuchtturm im Zuständigkeitsbereich des Wasser- und Schifffahrtsamtes Cuxhaven. **Doch am 1. März 1983 erlosch das Quermarkenfeuer der „Dicken Berta" für immer.** Zumindest war ihre aktive Zeit vorbei. Weil dieses Leuchtfeuer damit für die zuständigen Behörden überflüssig geworden war, gab es Pläne, den Leuchtturm abzureißen. Da er aus Stahl besteht, wollte man ihn einfach verschrotten. Diese Pläne konnten jedoch nicht verwirklicht werden, denn vor allem Bürger des Ortes Altenbruch setzten sich dafür ein, diesen Leuchtturm zu erhalten. Es gelang ihnen.

www.dickeberta.de

Von Weitem betrachtet, sieht die „Dicke Berta" gar nicht so dick aus ■

Überaus reizvolle Ausgleichsfläche

www.cux-alten bruch.de

Eine künstlich geschaffene Wasserlandschaft erstreckt sich westlich des Hafens von Altenbruch. Es handelt sich um eine gesetzlich geforderte Ausgleichsfläche, notwendig geworden im Zuge der Hafenerweiterung in Cuxhaven. Mit seinen vielen Bäumen, Sträuchern, einem See und zwei Vogelinseln kommt der Altenbrucher Landschaftspark als Ersatz für das aufgespülte Offshore-Gelände der Tier und Pflanzenwelt zugute. **Ausgesprochen reizvoll ist seine Lage zwischen Elbe, Hafen mit „Dicker Berta", Ackerland und Offshore-Industrie.** Von einem circa zehn Meter hohen Aussichtsturm haben die Besucher einen freien Blick zu allen Seiten.

Der Aussichtssturm gewährt freie Blicke über Altenbruch

Museum „Windstärke 10"

Schon der Name des noch jungen (2013 eröffnet) Museums in Cuxhaven macht es deutlich: Hier geht es nicht um Schifffahrtsromantik, sondern um die Herausforderungen und Gefahren der Seefahrt. Hier können Besucher zum Beispiel mit auf Fangreise nach Island kommen oder in der „Funkbude" verschlüsselte Fangmeldungen dekodieren. **Der aufwändig inszenierte Ausstellungsbereich vermittelt ein anschauliches Bild von der harten Arbeit an Bord der Fischdampfer** wie von den vielfältigen Gefahren, denen die Fischer im Nordmeer ausgesetzt waren. Einer der Höhepunkte des Museums ist der große Bereich mit den Wracks versunkener Schiffe.

www.windstaer ke10.net

Hier geht es um die Herausforderungen der Seefahrt ▪

Christine Lendt hat sich als Journalistin und Autorin unter anderem auf Publikationen zu diversen Reisethemen spezialisiert. Im Mitteldeutschen Verlag erschienen bereits mehrere Stadtführer der Wahlhamburgerin – so „Flensburg" (2014), „Kiel" (2015) und „Hamburger Umland. Die 99 besonderen Seiten der Region" (2017).

Der Verlag und die Autorin freuen sich über Ihre Hinweise:
info@mitteldeutscherverlag.de

Haftungsausschluss
Die Angaben in diesem Reiseführer wurden gewissenhaft überprüft. Für die Aktualität, Korrektheit und Vollständigkeit übernimmt die Autorin keine Haftung. Die Autorin distanziert sich aus rechtlichen Gründen von allen Inhalten der aufgeführten Internetseiten. Auf aktuelle und zukünftige Gestaltung, die Inhalte oder Urheberschaft der angeführten Internetseiten hat die Autorin keinen Einfluss.

Fotografien: Hans Zaglitsch, außer Michael Gäbler (WikiCommons, CC-BY-3.0): S. 121; Christine Lendt: S. 88, 145, 146; Maritime Circle Line: S. 86; Joachim Müllerchen (WikiCommons, CC BY-SA 3.0): S. 80

2019
© mdv Mitteldeutscher Verlag GmbH, Halle (Saale)
www.mitteldeutscherverlag.de

Alle Rechte vorbehalten.

Gesamtherstellung: Mitteldeutscher Verlag, Halle (Saale)

ISBN 978-3-96311-135-8

Printed in the EU